Brendow.

Hermann Multhaupt

Glaubenswege –
dem Mysterium begegnen

Irland

BONIFATIUS

Inhalt

„Mein Motto ist ‚The sky is the limit', die Grenze ist der Himmel.
Es gibt keinen Berg, der dich aufhalten kann,
wenn du wirklich etwas willst.
Und dann heißt es ‚Pull up your socks and go',
mach dich auf die Socken und geh."
Damagoza Iris Namo

„... gebt mir den Pilgerstab!
Lasst mich die frommen Stätten sehen,
wo der Himmel der Erde so nahe ist."
Alban Stolz

Irland – ein Pilgerland mit Eigenarten

Wo keltische Überlieferungen sich mit christlichen Bräuchen mischen

Irland und – pilgern? Auf den ersten Blick eine merkwürdige Assoziation. In Irland kann man viel tun: golfen, angeln, reiten, surfen, wandern, malerische Klosterruinen bestaunen – aber pilgern? Es gibt hier keine Route vom Rang eines Pilgerweges nach Santiago de Compostela, der in den letzten Jahrzehnten wieder enthusiastisch begangen wird. Irland vermerkt auch keine mächtigen Wallfahrtszentren wie Lourdes und Fatima, wo jährlich Zigtausend Pilger zusammenströmen, um die Mutter Gottes zu ehren. Auch Rom liegt weit, und erst recht das Heilige Land scheint in magische Ferne gerückt zu sein. Nein, die „Grüne Insel" kann nicht mithalten, wenn es um international bekannte Pilgerziele geht. Das war nicht immer so, wie die Geschichte des Lough Derg beweist. Ohne Zweifel gibt es auch in Irland Zufluchtsorte, die fromme Pilger ansteuern. Einige Ziele haben nur lokale Bedeutung, manche stellen eine Wiederbelebung alter keltischer und frühchristlicher Traditionen dar. Natürlich wird auch die Gottesmutter verehrt. Knock heißt der Ort, der auf dem Wege ist, ein Mini-Lourdes zu werden, obgleich es auf einem Gelände neben der Kirche Maria Immaculata in Inchicore, Co. Dublin, eine gewaltige naturgetreue Nachbildung der Grotte von Massabielle gibt, die auf die jahrzehntelange Verbindung zwischen der Pyrenäen-Wallfahrtsstätte und Irland verweist. Und auch „Our Lady of Dublin" in der Karmeliterkirche in Dublin ist erwähnenswert, so wie auch „Our Lady`s Island", eine Pilgerinsel nahe Rosslare, Co. Wexford, nicht übergangen werden darf, verweisen beide Traditionen doch auf die Grenzen überschreitende Wertschätzung der Gottesmutter.

An manchen versteckten Stellen in Irland gibt es Wasser, das als heilsam gilt.

Doch wäre es eine Schande, wenn Irland, die „Insel der Heiligen", keine Heiligenverehrung in Form von Pilgerfahrten betriebe. Manchmal sind es kleine Umzüge an Gedenktagen der frommen, verdienten Frauen und Männer, die hier gelebt und gewirkt haben, manchmal auch ganz private Wege zu abgelegenen Steinen, Quellen und Bäumen, die mit irgendeinem Ereignis in Zusammenhang stehen oder für ihre „Heilkraft" bekannt sind. Manche alte Bauern kennen die Pfade noch und weisen schon mal den Weg dorthin. Der Dorfpfarrer sieht es nicht gern.

Die hl. Brigid, um 525 gestorben, gehörte zu den ältesten irischen Heiligen. Oft hat man sie „Mary oft the Gael" – Maria der Gälen – genannt, und sie stand St. Patrick an Verehrung kaum nach. Sie stammte aus Fochard oder Faughart bei Dundalk, Co. Louth, und war Äbtissin in Kildare, wo sie ein Doppelkloster für Mönche und Nonnen leitete. Ihr Festtag fällt auf den 1. Februar. Neben St. Patrick und dem hl. Columba sollen Reliquien von ihr in Down-Patrick ihre letzte Verweilstätte gefunden haben, worauf der Vers „In Down three saints one grave do fill, Patrick, Brigid and Columcille" verweist (in Down liegen drei Heilige in einem Grab, Patrick, Brigid und Columcille.)

Am ersten Februar werden noch heute die nach ihr benannten Brigiden-Kreuze gesegnet. Diese Kreuze bestehen aus nach bestimmtem Muster geflochtenem Stroh oder Hartgräsern. Man glaubt, dass dieses Schutzzeichen, wo immer es aufgehängt wird, Böses und Hunger fernhält. Der Vater St. Brigids war ein heidnischer Häuptling. Als die Stunde seines Todes nahte, betete die Tochter an seinem Sterbebett. Während der langen Nachtwachen

Die hl. Brigid wird an verschiedenen Orten verehrt. Kurz vor den Cliffs of Moher befindet sich dieses kleine versteckte Heiligtum.

flocht sie ein Kreuz aus den Binsen der Matten zu ihren Füßen. Binsen waren damals die übliche Bodenbedeckung. Als Brigids Vater das Kreuz sah, bat er seine Tochter, sie möge ihm die Bedeutung dieses Zeichens erklären. Darauf ließ er sich nach der Legende taufen. In manchen Gegenden Irlands gibt es noch heute den Brauch, einem jung verheirateten Paar beim Einzug in die neue Wohnung das Kreuz der hl. Brigid zu schenken, um auf diese Weise den Fortbestand von Familie und Glauben zu bekunden. Das Brigiden-Kreuz soll auch die Ernte und den Viehbestand schützen. In Faughart, Co. Louth, befindet sich eine würdige Gedenkstätte der Heiligen sowie eine Quelle. Der Ort war lange Zeit Ziel einer organisierten Pilgerfahrt, wo die Menschen Teile ihrer Kleidung in den Bäumen und Büschen der Umgebung aufhängten, wie überall an solch heiligen Plätzen. Brigid betete hier, an ihrem vermeintlichen Geburtsort, so inbrünstig und lange, dass ihre Knie im Fels einen Abdruck hinterließen. Lange Zeit war es Brauch, dass die Pilger von der Wasserquelle im Kirchhof schöpften und es aus einem menschlichen Schädel tranken – als ein Heilmittel gegen Zahnweh ... Von Brigid wird noch an anderer Stelle die Rede sein.

Das frisch geflochtene Brigidenkreuz wird heute noch gern im Stall und im Haus aufgehängt und Neuvermählten als „Glücksbringer" mitgegeben.

Mögest du auf deinen Wegen
viele Schutzgeister um dich haben.
Mögest du unterwegs
die Fußstapfen des Schutzengels
an deiner Seite spüren.

Das irische Christentum wird gespeist von einer Spiritualität, die aus dem Keltischen stammt. Ohne die Kelten wäre Irland vielleicht von Rom direkt aus missioniert worden oder von seinen Bastionen in Gallien und Britannien, wo es nach der Invasion römischer Heere schon früh Wurzeln fasste. Aber der Boden Irlands wurde von keinem römischen Soldaten betreten, und so blieben die Kultur der Kelten, ihre Spiritualität und die noch heute geschätzte Eigenart noch lange erhalten. Und selbst, als der Einfluss der römisch geprägten Kirche von Britannien aus auf der „Grünen Insel" immer stärker wurde, widersetzten sich die mächtigen Klöster lange Zeit den Einflüssen dieser durch und durch geordneten und organisierten Kirchenform. Diese Distanz übertrug sich auch auf die Meinung von der Pilgerschaft. „Nach Rom zu wallfahrten macht viel Arbeit, bringt aber wenig Gewinn. Den Gott, den du dort suchst, wirst du nicht finden, es sei denn, du bringst ihn mit" (9. Jh.). Diese distanzierende Meinung der Iren von römischen Pilgerbräuchen war eindeutig.

Wer die Spiritualität der Kelten verstehen will, muss ein wenig ihre Geschichte kennen. Sie siedelten zwischen 500 und 300 vor Christus in Irland. Das frühe Christentum hätte ohne die Übernahme religiöser keltischer Traditionen hier wohl nicht so leicht Fuß fassen können, denn es ist immerhin bezeichnend, dass es im Gegensatz zu anderen Missionsländern keine Märtyrer gab, Verkünder des Wortes Gottes, die bei ihrer Tätigkeit getötet wurden. Die Druiden, die keltischen Opferpriester, hatten in ihren Visionen längst geschaut, dass eine neue Religion im Entstehen war, die die alte zwar nicht verdrängen, sogar vieles aus ihr übernehmen, aber doch sanft ablösen würde.

Das frühe Christentum kam in Form der koptischen Kirchenordnung nach Irland. In den Wüsten Ägyptens und in den „grünen Wüsten" Irlands bildete die Einsamkeit das tragende Element gemeinsamer spiritueller Glaubenserfahrung und -entfaltung. Die frühe Kirche entstand aus dem Erbe

der keltischen Vorfahren. Die Missionare übernahmen, was ihnen an religiösen, spirituellen und seelischen Impulsen nützlich erschien, und standen dadurch im Gegensatz zu den auf Rom hin orientierten Glaubensbrüdern des Kontinents.
In der ägyptischen und keltischen Mythologie spielt zum Beispiel die Sonne eine tragende Rolle als Symbol des Lichtes und Lebensspenders, das unter dem Pharao Echnaton sogar in den Rang eines Gottes erhoben wurde. Im Osten trat die Sonnengottheit ihren täglichen Siegeszug über den Himmelsbogen an, um sich abends im Westen dort zur Ruhe zu begeben, wo die „Insel der Seligen", das Paradies, vermutet wurde. In der St.-Brendan-Geschichte wird von der Suche nach dem Paradies noch die Rede sein. Im frühen Christentum wurde Christus zur „sol invictus", zur unbesiegbaren Sonne, und trat an die Stelle der ägyptischen und keltischen Gottheit. Menhire, lange, oft zwei, drei Meter hohe Steine, die an ausgewählten Plätzen die Nähe Gottes markierten, dienten als Versammlungs- und Betort der Kelten. Sie versinnbildlichten – wie in anderen Teilen Europas der Baum – die Achse Erde–Himmel und wurden zu Vorläufern der Hochkreuze, in die die Steinmetze keltischen Ornamentschmuck und später Szenen aus dem Alten und Neuen Testament einritzten, dem leseunkundigen Volk als Bilderbibel zur Anschauung und Erklärung. Die Bilderzyklen sind meist nach einem festen Programm zusammengestellt und korrespondieren miteinander mit dem Ziel, die jungen Christen in ihrem Glauben zu stärken und zu ermutigen.

Den neuen Tag, Gott, segne mir.
Den neuen Tag, der noch nie gewesen ist.
Voll Dank für deine Gegenwart
sei die Zeit, die du mir gegeben hast.
Meine Augen, Gott, segne mir,
damit sie loben, was sie sehen.
Meinen Nachbarn will ich segnen,
und mein Nachbar segne mich.

Aus den „Standing Stones" oder Menhiren entwickelten sich über Jahrhunderte die Hochkreuze mit ihrem Bilderreichtum aus dem Alten und Neuen Testament.

Manche unserer christlichen Feste wurzeln in keltischer Tradition und Spiritualität, erfuhren eine sinnvolle Umdeutung und Erweiterung. In den letzten Jahren hat Halloween ein zweifelhaftes Comeback erfahren, bei Kindern wohl eher aus dem Drang heraus, sich zu verkleiden und an den Haustüren um eine Gabe zu bitten. Der keltische Ursprung ist Samhain, der Neujahrstag. Er bezeichnete das Ende eines landwirtschaftlichen Jahres und den Beginn eines neuen. Samhain war zudem ein Festtag, an dem die „Haut" zwischen Himmel und Erde besonders dünn war, sodass die Geister der Verstorbenen aus der Jenseitswelt auf die Erde zurückkehren und sich unter die Lebenden mischen konnten. In der ersten Novembernacht öffneten sich aber auch die Hügel der Feen, und die Erde war von unendlich vielen Geistern bevölkert. Samhain begann am Vorabend des 1. November, an dem heute Halloween gefeiert wird. „All Hallow`s Eve" hieß es ursprünglich oder „All Saints' Day" – Allerheiligen. Heute besuchen die Christen an diesem oder am folgenden Tag die Gräber ihrer Verstorbenen auf den Friedhöfen und widmen ihnen besondere Gottesdienste.

Der 1. Mai ist nicht nur der Tag der Arbeit, er hat vielmehr einen keltischen Ursprung, der ins christliche Brauchtum übernommen wurde. Dieser zweithöchste keltische Feiertag hieß Beltaine. Das war ein Fruchtbarkeitsfest. Jetzt begann wieder die landwirtschaftliche Tätigkeit auf den Feldern. Es muss ein ausgelassenes, erdverbundenes, auch erotisches Fest gewesen sein, das von vielen Tänzen und Liebesspielen geprägt war, das von den Missionaren freilich umgedeutet wurde: Im Mittelpunkt stand ursprünglich die Kreierung einer Erdgöttin, an deren Stelle die Muttergottes trat, die zur „Maienkönigin" erkoren wurde. Auch das Beltaine-Feuer spielte eine Rolle, jenes Symbol für das aufblühende neue Jahr. Nur der Hochkönig durfte die Flamme entzünden. In der Lebensbeschreibung des hl. Patrick kommen wir auf dieses Feuer, das uns heute an das Feuer der Osternacht erinnert, noch einmal zurück.

Der Dank für die empfangenen Gaben der Natur war den Kelten ein aufrichtiges Bedürfnis. Deshalb feierten sie am 1. August Lughnasadh, ein fröhliches Sommerfest, bei dem die ersten frischen Früchte des Jahres auf den Tisch kamen. Bei Ale und Met und duftendem, knusprigem Brot priesen die Menschen die Schöpfung und den Gabentisch der Natur. Diese Tradition hat bei uns im „Erntedankfest" eine Fortsetzung gefunden, auch wenn der Termin eher im September liegt. Im christlichen Jahresablauf gingen der Ernte die sogenannten „Bittprozessionen" voraus. Vor allem in ländlichen Gegenden zogen die Christen mit Kreuz und Fahnen an drei aufeinanderfolgenden Tagen durch die Natur und baten Gott um eine gute Ernte. In den Städten reduzierte sich der Brauch auf ein dreimaliges Umschreiten der Kirche.

Lobe den Herrn, meine Seele!
Herr, mein Gott, du bist sehr herrlich;
Du breitest den Himmel aus wie einen Teppich;
du baust deine Gemächer über den Wassern.

Du lässt Wasser in den Tälern quellen,
dass sie zwischen den Bergen dahinfließen,
dass alle Tiere des Feldes trinken
und das Wild seinen Durst lösche.

Darüber sitzen die Vögel des Himmels
und singen unter den Zweigen.
Du feuchtest die Berge von oben her,
du machst das Land voll Früchte, die du schaffest.

Du lässt das Gras wachsen für das Vieh
und Saat zu Nutz den Menschen,
dass du Brot aus der Erde hervorbringst,
dass der Wein erfreue des Menschen Herz
und sein Antlitz schön werde vom Öl
und das Brot des Menschen Herz stärke.

Herr, wie sind deine Werke so groß und viel!
Du hast sie alle weise geordnet,
und die Erde ist voll deiner Güter.
Es warten alle auf dich,
dass du ihnen Speise gebest zur rechten Zeit.

Wenn du ihnen gibst, so sammeln sie;
wenn du deine Hand auftust,
so werden sie mit Gutem gesättigt.

Die Herrlichkeit des Herrn bleibe ewiglich,
der Herr freue sich seiner Werke!
Ich will dem Herrn singen mein Leben lang
und meinen Gott loben, solange ich bin.

Was gerade heute die Kelten vielen Menschen so sympathisch macht, war ihr Verhältnis zur Umwelt, zur Natur. Der Kosmos besaß für sie gleichsam eine heilige Dimension. Die Welt um sie herum war kein fernes, fremdes Element, dessen Schutz ihnen besonders ans Herz gelegt werden musste. Sie selbst waren Teil dieser Welt. Indem sie sich selbst schützten, schützen sie auch die Welt um sich herum und nahmen Rücksicht auf die einzigartige Schöpfung. Diese Wertschätzung ging so weit, dass die Kelten die Hügel für heilig erklärten, dass sie die Quellen mit Geistern und Göttern belebten, denn Wasser war ja nicht nur ein zum Gebrauch bestimmtes Element, sondern es war im übertragenen Sinn Leben spendend. Jeder Baum, ja selbst jeder Grashalm konnte Sitz einer Gottheit sein. Für die Kelten bestand die Schöpfung aus dem Zusammenspiel von Harmonien; entsprechend harmonisch und friedlich sollte auch das Zusammenleben der Menschen sein. Diese Weltsicht darf jedoch nicht darüber hinwegtäuschen, dass die Kelten fähig waren, grausame Kriege zu führen. Für sie trennte sich der Himmel nicht von der Erde. In ihrer Vorstellung war die Jenseitswelt nicht von der diesseitigen wie mit einem Schneidemesser getrennt, sondern das Transzendente wirkte in das irdische Leben hinein, das Sichtbare war mit dem Unsichtbaren, das Reich der Lebenden und dem der Toten verbunden. Es gab jedoch besondere Orte des Übergangs zwischen den Welten, die die Kelten „dünne Plätze" nannten. Das waren zum Beispiel heilige Bezirke und Landschaften, Steinkreise, Menhire, die an gottgeweihten Orten aufgestellt waren, heilige Haine, deren dem Himmel entgegengestreckten Bäume später in den Pfeilern der gotischen Kathedralen ihr steinernes Pendant fanden.

In der Karstlandschaft des Burren trifft man auf seltene prähistorische Relikte wie hier auf den Dolmen von Poulnabrone. – In manche kleine Menhire (links) wurden christliche Zeichen und Runen eingeritzt.

Für die Kelten war Gott in Menschen und Dingen allgegenwärtig, auch in der leblos erscheinenden Struktur der Steine. Steine und ihre „Heilkräfte" sind ja Gegenstand mancher Interpretation heute. Manche Geschichtsschreiber haben die Kelten auch als Mystiker des Alltags bezeichnet. Sie lebten in der realen Welt, stellten sich ihren Herausforderungen, verfolgten ihre Ziele – doch sie waren auch überzeugt, dass ihre Umgebung von der übernatürlichen Welt durchdrungen war. In diesem Bewusstsein entstanden Gebete, Verse, Wortschöpfungen von einmaliger Bild- und Klangstärke. Die irischen Segenswünsche, von denen in den letzten Jahrzehnten eine Vielzahl als Geschenk- und Meditationsbändchen auf dem Buchmarkt erschienen ist, sind eine Folge der spirituellen Neubelebung des Keltentums.

Die Nacht zieht sanft ihre Schleier zurück,
an den Küsten des Lichts dämmert der Morgen.
Lautlos gleitet der Tag
aus der Schöpferhand Gottes.

Nach keltischem Verständnis war jeder Tag ein neuer Schöpfungsakt, einmalig, nicht wiederholbar. Er begann aus dem Willen Gottes und endete in seinem Namen. In einem solchen Bewusstsein nahmen sie die geschenkte Zeit nicht einfach hin, sondern gestalteten sie, versuchten sie, ihr Würde zu geben. Ja, die Kelten gaben jedem Tag sogar sakramentale Würde, und sie feierten die Zeit als ein einmaliges Geschenk des Himmels, unter dessen Schutz sie sich wähnten. Mit jedem Tag, an dem sich die Sonne, die göttliche Sonne erhob, begann das Leben neu. Es gibt zahlreiche Morgengebete und -betrachtungen, die verdeutlichen, wie verwurzelt die Menschen in der Natur waren und wie sie mit ihr und aus ihr lebten. Die frühirische Kirche hat aus dem reichen Schatz der Empfindungen und der Lebensansichten schöpfen können.

Segne, o Herr, meine Tage,
den ersten wie den letzten
und den Raum zwischen ihnen.
Segne meine Ohren, damit sie deine Worte hören,
segne meine Hände, damit sie deine Liebe verschenken,
segne meine Augen, damit sie sehen, was ich tun muss
in deinen Namen.
Segne meinen Mund, damit er dich preisen kann
von der ersten Stunde meines Lebens bis zur letzten,

Wenn ich heute aufstehe, o Herr,
sei meinem Fuß eine Stütze.
Wenn ich heute an die Meinen denke,
sei meiner Liebe Antrieb.
Wenn ich heute meiner Arbeit nachgehe,
gib meinen Armen Kraft.
Wenn ich mich heute zum Essen niedersetze,
lass mich mit einem Hungrigen teilen.
Wenn ich mich heute müde schlafen lege,
sprich deine Segensworte über mich.

Unendlich weit streckt sich die grüne Landschaft unter dem irischen Himmel.

Der irische Mönch John O'Riordian schrieb, dass die christlichen Kelten sich in einer „von Engeln und Heiligen dicht besiedelten Welt" wähnten, in der es „keine unüberwindliche Grenze" zwischen Himmel und Erde gegeben habe. Diese Einschätzung und Empfindung des Lebensumfeldes kann eigentlich nur zu tief gründenden Gedanken und Worten führen. So herausgehoben aus dem Grau des Alltags mit seiner Gleichförmigkeit und den sich stets wiederholenden Verrichtungen, erhielt das Leben eine Weihe, die sich in Worten und Weisen ausdrückte. Warum ist keltische meditative Musik so beliebt, warum werden die Segenswünsche heute allenthalben genutzt? Ihre die Seele berührende gedankliche Tiefe und ihre sich auf wenige Zeilen beschränkende Länge sind Impulse und Anregungen für eine schnelllebige Zeit, der die mystische Versenkung in Gottes Schöpfungswerk nicht mehr gelingt.

Irland – das Land der Regenbogen, die sich nach vielen ergiebigen und plötzlichen Regengüssen über den Himmel spannen.

Wohin die Iren heute immer auch pilgern, eine Grundstimmung der keltischen Lebensphilosophie wird mancherorts noch spürbar. Doch in vielen Fällen wurde sie durch das von der römischen Kirche inspirierte Verständnis vom Unterwegssein überlagert.

Ist das Leben eine Reise von Gott weg und zu ihm zurück? Wenn diese keltische Auffassung stimmt, sollte es eigentlich keine Ängste geben, keine Hoffnungslosigkeit, kein kleinmütiges Verzagen. Es gibt ein anderes Bild von der Existenz des Menschen in Form eines Baumes: Seine Wurzeln gründen in der Ewigkeit, aber er ist hinausgesandt, um sich zu bewähren. Und so suchen seine Äste und Zweige in der Gegenwart der irdischen Welt die Antwort für den Sinn seines Lebens. Johannes Scotus Eriugena, ein irischer Gelehrter des 9. Jahrhunderts, verweist darauf, dass Gott unaufhörlich spricht. Wenn er aufhörte zu sprechen, würde das Universum aufhören zu existieren. Das Johannes-Evangelium, wonach alles durch das „Wort" geworden ist – „Im Anfang war das Wort, und das Wort war bei Gott, und Gott war das Wort" –, gewinnt eine neue Dimension. Doch es kommt darauf an, die Sprache Gottes zu vernehmen und zu verstehen. Unsere menschliche Existenz beruht auf dem Wort Gottes vom „Werde", vom menschlichen Sein. Durch Gottes Wort sind wir ins Sein gesprochen, durch sein Wort, das von Anfang war. Die keltische Kirche hat diese Verwobenheit durch das Bild der ineinanderverschlungenen und wiederkehrenden Linien in der Buch- und Steinmetzkunst zum Ausdruck gebracht. Die Ornamentik steht für die untrennbaren Zusammenhänge des Spirituellen mit dem Materiellen, von Himmel und Erde.

Wo ich zu Hause bin,
zeige mir, o Herr.
Wohin ich gehen muss,
zeige mir, o Herr.
Wie ich ausschreiten soll,
zeige mir an deinem Schritt.

Augustinus hat in seinen „Bekenntnissen“ über die Jahre seiner Trennung von Gott berichtet und kommt zu dem Schluss, dass er nicht von Gott getrennt lebte, sondern getrennt von sich selbst. Denn Gott ist ewig präsent. „Du warst bei mir; ich war nicht bei dir.“ Nähme Gott das Gute aus der Schöpfung, so gäbe es keine Menschen mehr, meint Johannes Scotus Eriugena. Denn Kern allen Lebens ist Gottes Gutsein. Wenn der Mensch auch nach der Vertreibung aus dem Paradies dennoch im Land Eden wurzelt, so hat der keltische Dichter William Butler Yeats sicher recht, wenn er meint, dass aus dem „heiligen Baum“ im Innersten des Lebens alle Schönheit und alles Gutsein entspringen, dass die Sicht der Dinge jedoch getrübt wird durch die „dunkle Brille“, die die Dämonen dieser Welt den Menschen vor Augen halten. Die spirituellen Tiefen in uns Menschen müssen also ständig ins Bewusstsein gehoben werden, denn die inneren Wahrheiten warten darauf, ans Licht zu kommen. Die materielle Sichtweise der westlichen Welt aber neigt dazu, sich diesen Geheimnissen zu verschließen, so wie man auch die Geburt eines Menschen vorzugsweise unter biologischen Begriffen sieht und ihn an seiner körperlichen Erscheinung misst, statt seinen seelischen Reichtum zu heben und zu fördern.
Der Mönch Johannes Cassian, der bei den ernsten Mönchen Ägyptens in die Schule ging, gab sein Wissen und seine Erfahrung an das Mönchtum des Westens weiter und lehrte sie die „Methode zur Sammlung unserer Herzen“. Wenn die Gedanken und Gefühle der Menschen zur Ruhe kommen und frei von jedweder Ablenkung sind, vernehmen sie Botschaften des Wortes, das sei Anbeginn der Welt besteht und durch das alles geschaffen ist. Die keltische Tradition fußt auf der Mystik des Johannesevangeliums. Unser Leben und das Leben der ganzen Schöpfung sind vielfältige Äußerungen und Ausdrucksweisen Gottes, nicht auf einen Bereich der Wahrnehmung beschränkt, sondern allumfassend und allgegenwärtig. Um die Tiefe des eigenen Lebens zu erkennen, muss man beten, beten, beten, bis die Tränen kommen – riet der irische Heilige Kolumban bereits im 6. Jahrhundert.

Pilgern – Beten mit den Füßen

Beten und gehen, beten und ausschreiten – das ist das Prinzip der Pilgerfahrt. Pilgern, so hat es einmal jemand formuliert, ist Beten mit den Füßen. Unter diesem Motto vollzieht sich wohl jeder fromme Gang, der ein Ziel vor Augen hat: eine berühmte Kirche und Kapelle mit einem verehrungswürdigen Kreuz oder einem Gnadenbild der Gottesmutter, das Grab eines heiligen Mannes oder einer heiligen Frau, eine Reliquie, die den Menschen kostbar ist, oder ein Ort, an dem unerklärliche, einem Wunder zuzurechnende Ereignisse geschehen sind. Über den Sinn dieser Wege gibt es ausgiebige theologische Abhandlungen, und die Medien haben viele, vor allem die, die nach Santiago de Compostela führen, ins Bild gesetzt. Reiseberichte, Bildbände, Tage- und Gebetbücher, Meditationsanleitungen ermuntern zum Aufbruch. Findige Forscher haben die mittelalterlichen Wegenetze der St.-Jakobus-Wallfahrt längst rekonstruiert, St.-Jakobus-Bruderschaften werden nicht müde, die Strecken etwa mit Schildern, auf denen die gelbe Muschel auf blauem Grund zu sehen ist, zu versehen. Auch manches abseits gelegene Gotteshaus wirbt um Besuch und Gebet, selbst wenn keine traditionsreiche Strecke zu ihm führt. Wer in welcher Intention auch immer unterwegs ist, soll in dem Bewusstsein auf dem Wege sein, dass der Mensch hier keine „bleibende Stadt“ hat, sondern die „zukünftige“ sucht, wie es im Hebräerbrief 13,14 heißt. Wege bieten die Möglichkeit, Menschen zusammenzuführen, Begegnungen zwischen Einzelpersonen und Gemeinden zu stiften. So kann auch das Pilgern gemeinde- und völkerverbindend und dazu ökumenisch sein und den Begriff der christlichen Kirchen als „Volk Gottes unterwegs“ stärker ins Bewusstsein bringen.

Malerische Wallhecken oder Steinmauern begleiten die verschlungenen Feldwege durch das Land.

Mögest du dein Glück
nicht in der Ferne suchen,
bevor du es nicht
in deinem eigenen Herzen gesucht hast.

Die Kelten haben ihr geheimes Wissen nicht aufgeschrieben, sondern es wurde mündlich an ausgewählte Personen weitergegeben. Träger dieser Botschaft waren die Druiden, die Opferpriester, tief visionär und spirituell veranlagte Menschen, die in Trance sogar bestimmte Ereignisse vorauszusehen imstande waren. So bleibt manche Überlieferung aus dem Erlebnisschatz der Kelten spekulativ, manche Vorgänge wurden idealisiert und romantisiert. Doch eines scheint ein Kernanliegen keltischer Spiritualität gewesen zu sein: das Glück des Menschen. Nicht das äußere Glück, das sich auf Wohlstand und Wohlergehen beschränkt, sondern das Glück inneren Wachstums. Glück wird hier als Lernprozess verstanden, der der Seele dient. Wer sich mit keltischer Spiritualität befasst, wird Glück als stetes Wachstum seiner individuellen Möglichkeiten, Fähigkeiten und Einsichten begreifen, ein Glück, das sich nicht ängstigt und das durch Angst nicht zum Unglück wird.

Es mag zum Wesenszug des abendländischen Menschen gehören, die Skala der Begabungen, Wünsche und Träume einzugrenzen, sie durch moralische Instanzen auf ihre Zuverlässigkeit und Erlaubbarkeit überprüfen zu lassen. Deshalb bleibt uns das keltische Denkbild oftmals fremd, wonach eine der größten Sünden das nicht gelebte Leben ist. Die Dinge zu tun, wonach sich das Herz schon immer gesehnt hat, der eigenen Schöpferkraft freien Lauf zu lassen, die eine unerklärliche Sehnsucht schon immer beflügeln wollte – das schaffen längst nicht alle Menschen. „Wenn wir uns gestatten, die Person zu sein, die wir sind, dann wird alles seinen Rhythmus finden", schreibt der irische Theologe und Dichter John O'Donohue und fährt fort: „Wenn wir das Leben führen, das wir lieben, dann werden wir Schutz und Segnungen empfangen. Nicht selten rührt der große Mangel an Segen in uns und um uns von der Tatsache her, dass wir eben nicht das Leben führen, das wir lieben, sondern dasjenige, das von uns erwartet wird."

Mögen sich alle deine Wünsche erfüllen
– außer einem,
damit du immer etwas hast,
wofür du ringen, wonach du streben kannst.

Möge Gott in seiner Weisheit
und in seiner unendlichen Liebe
vom hohen Himmel
immer auf dich herabschauen.
Möge er dir nur Glück schicken,
Zufriedenheit und Frieden,
und möge der Segen, der auf dir ruht,
immerzu wachsen.

Der „Krönungsstein" auf Tara hat eine uralte Tradition. Die Spitze des Hügels wird von Wällen und Gräben markiert – spärliche oder wichtige Zeugen der Residenz des Hochkönigs.

Wo Grainne ihren Diarmaid zur Flucht anstiftete

„Pilgerfahrt" im Uhrzeigersinn um den Krönungsstein von Tara

Manchmal wallfahrten die Iren zum Hügel von Tara. Es ist kein frommer Weg, und er wird auch nicht von Priestern begleitet. Es handelt sich eher um einen gemütlichen Sonntagsspaziergang, aber er führt zu einem Ziel, an dem sich die große irische Vergangenheit mit der Gegenwart trifft. Der Hügel von Tara liegt in der Grafschaft Meath – Mitte –, und es ist, als ob auch heute noch hier das Herz Irlands schlägt wie in jener Zeit, als die „Ard-Rí", die Hochkönige, hier residierten und alle drei Jahre zum „Feis Teomhair", zur großen Versammlung, riefen, die sechs Tage dauerte. Auf fünf aus allen Teilen des Landes heraufführenden Straßen nahten die Abgeordneten der Kleinkönige und Stämme, die Adligen und Barden, die Dichter und Seher, die Künstler, Rechtsgelehrten, Lehrer und Heilkundigen, die Wahrsager und Druiden. Die Menschen pilgerten aus allen Teilen der Insel hierher und versammelten sich in den weiten Hallen, deren Größe heute nur noch aufgeschüttete Erdwälle demonstrieren und von denen erzählt wird, dass ihre Tore mit Edelsteinen besetzt und ihre hölzernen Säulen mit seltsamen Symbolen geschmückt waren. Unter dem Vorsitz des Hochkönigs sprach man über Fragen der Zeit, man diskutierte, klärte Rechtsfälle, maß sich in Wettkampf und Spiel. Die Narren und Possenreiter, die Jongleure und Zauberer schürten die Unterhaltung, die Meister der Harfe zupften die Melodien – alles Leben auf Tara war eingebettet in den Klang der Musik.

Im Bankettsaal von Tara sind sich Grainne und Diarmaid begegnet, jene schöne Tochter des Hochkönigs Cormac MacArt, die dem alternden Soldaten und Heerführer Finn MacCool versprochen war, aber ihre Liebe dem jungen Diarmaid O'Duibhne schenkte und mit ihm vom Hofe des Vaters floh – Romeo und Julia längst vor Shakespeares Zeit. Auf dem Hügel von Tara empfing König Laoghaire – der König Lear der Shakespear'schen Dichtung – den Glaubensboten St. Patrick, den Begründer des irischen Christentums, und der Heilige erklärte dem Herrscher anhand des dreiblättrigen Kleeblatts, des „Shamrock", das Geheimnis der göttlichen Dreifaltigkeit ... Heute macht das grüne Kleeblatt auf Deosprays Reklame für „Irischen Frühling".

In Form einer „kleinen Pilgerfahrt" umkreisen die Menschen einen Steinblock von gut einem Meter Höhe. Sie gehen im Uhrzeigersinn dreimal schweigend und mit ernsten Gesichtern um den „Lia Fail", den Schicksals- oder Krönungsstein. Wenn früher der richtige Königskandidat gefunden war, brüllte der Stein nach der Sage laut auf. Heute sprechen die Menschen beim Umschreiten des Steins einen Wunsch aus – und der geht in Erfüllung.

Das Oratorium des hl. Gallarus auf der Dingle-Halbinsel ist die einzige in dieser ursprünglichen Form erhaltene Kleinkirche eines Mönchskonvents. Das Gotteshaus stammt aus dem 7. Jahrhundert.

Ich stehe heute voller Tatendrang auf,
ich rufe die Heiligste Dreifaltigkeit um ihren Beistand an,
ich glaube an ihre Dreieinigkeit,
ich bekenne mich zum alleinigen Weltenschöpfer.
Ich stehe heute auf
in der Kraft Christi und seiner Taufe,
in der Kraft, die von seinem Kreuzestod
und seiner Grablegung ausging,
in der Kraft, die aus seiner Auferstehung
und Himmelfahrt entstand,
und in der Kraft, mit der seine Wiederkunft
zum Jüngsten Gericht erwartet wird.
Ich stehe heute auf
inmitten der Kräfte des Himmels und der Erde,
im Licht der Sonne und im Glanz des Mondes,
im Leuchten der Feuersglut und im Sprühen der Blitze,
im Brausen der Stürme und im Fluten der Meere.
Unter mir spüre ich die Feste der Erde,
vor mir sehe ich die Härte der Felsen.
Ich weihe mich heute Gottes mächtiger Führung,
Gottes wachendem Auge,
Gottes lauschendem Ohr,
Gottes schützenden Händen,
Gottes aufmunterndem Wort,
Gottes leitender Weisheit,
Gottes offenen Wegen,
Gottes schirmendem Schild,
Gottes Heerschar der Engel.
(Aus dem Morgengebet des hl. Patrick)

Die Eremiten der „Grünen Insel" suchten die Einsamkeit. Selbst auf den der Küste von Kerry vorgelagerten Skelligs bauten sie ein Refugium für ihr kontemplatives Leben.

Die „westlichste aller Festungen Christi" liegt im Atlantischen Ozean

Halsbrecherische Sühne-Pilgerfahrten an den Ort asketischen Mönchtums

Überall im Lande findet man an versteckten Stellen die „mass-rocks", die Messfelsen, Steinblöcke, auf denen in der Zeit der Katholikenverfolgung unter Cromwell und der englischen Krone heimlich Gottesdienste gefeiert wurden. Die Priester riskierten ihr Leben, und viele endeten am Galgen oder dort, „wo der Pfeffer wächst", als Sklaven auf Barbados. Diese Plätze sind den Iren heilig. Man pilgert dorthin, in Gruppen, allein, um die Verbundenheit mit der Glaubenstreue der Vorfahren zum Ausdruck zu bringen, aber auch, um den eigenen Glauben zu stärken, und hinterlässt wie zum Beweis des guten Willens ein kleines Andenken an den Aufenthalt – eine Haarspange vielleicht, einen Kugelschreiber, einen Schlüsselanhänger oder einen Zipfel vom Brautschleier.

Diese Form der Pilgerfahrt erscheint in der ersten Bewertung human, das heißt, sie vollzieht sich ohne Strapazen. Denn wenn die Iren schon als Pilger unterwegs sind, dann muten sie sich etwas zu, was der Aufstieg auf den Croagh Patrick noch zeigen wird. Zur Buße gehört das körperliche Leiden, und das vollzieht sich in schweißtreibenden Anstrengungen oder bitterem Entzug. Die harte Askese ist ein Relikt der von den Wüstenvätern Ägyptens übernommenen Bußpraxis, die nahtlos auf die Mönche der ersten christlichen Jahrhunderte in Irland überging und auch von den Gläubigen bei ihren Pilgerfahrten geübt wurde. Das Extreme und Ungewohnte scheint als Herausforderung Bestandteil dieser Pilgerfahrtsweise gewesen zu sein.

Der Herr sei vor dir,
um dir den rechten Weg zu zeigen.
Der Herr sei neben dir,
um dich in die Arme zu schließen,
um dich zu schützen vor Gefahren.
Der Herr sei hinter dir,
um dich zu bewahren vor der Heimtücke böser Menschen.
Der Herr sei unter dir,
um dich aufzufangen, wenn du fällst,
und dich aus der Schlinge zu ziehen.
Der Herr sei in dir,
um dich zu trösten, wenn du traurig bist.
Der Herr sei um dich herum,
um dich zu verteidigen,
wenn andere über dich herfallen.
Der Herr sei über dir,
um dich zu segnen.
So segne dich der gütige Gott,
heute, morgen und allezeit.

Eine steinerne Treppe von 600 Stufen führt zu einer Gruppe von Klosterruinen auf Skellig Michael, einer dem hl. Michael geweihten Insel.

Eine der härtesten frühen Pilgerfahrten war sicher die zum Skellig Rock, einer dem hl. Michael geweihten Insel, die mit ihrem kleineren Nachbarn, der Vogelinsel, draußen im offenen Atlantik vor der Halbinsel Kerry liegt. Schon die acht Meilen Überfahrt waren gefährlich. Nach der Landung musste der Pilger die 670 unebenen Treppenstufen hinaufkraxeln, die von Hand der Mönche in den Fels getrieben worden waren. Wenn er Christ's Saddle, einen Einschnitt zwischen den beiden Gipfeln des steinigen Felseilands, erreicht hatte und weiter stieg, durfte man ihn respektabler alpiner Kletterkünste rühmen. Tritt- und Griffhilfen ließen ihn den „Kamin" oder das „Nadelöhr" bewältigen. Nicht weit vom Südgipfel in mehr als zweihundert Metern Höhe gab es einen schmalen Grat, den der Pilger rittlings entlangzurobben hatte, um über der Tiefe den Stone of Pain, eine mit einem Kreuz versehene senkrechte Platte, zu küssen – ein halsbrecherischer Unternehmen.

Warum unternahmen Menschen diese halsbrecherischen Unternehmungen? Saß die Angst vor der Hölle und den Strafen der Unterwelt so tief, dass die Gefahren unterwegs als geringer und leichter überwindbar eingeschätzt wurden als die ewige Höllenpein? Diese strapaziöse Pilgerfahrt wurde als Strafe für ein schweres Vergehen verhängt. Sühnepilgerfahrten gab es auch nach Santiago de Compostela. Heute sind die Überfahrten nach Skellig Rock eher touristischer Natur.

Gott,
du Schutzherr entkräfteter Pilger,
möge es mir vergönnt sein,
mich in dieser Nacht
in den Falten deines Mantels zu bergen.

Sechs bienenkorbförmige Mönchszellen, zwei Oratorien und Kreuzrelikte bestimmen das Bild auf Skellig Michael.

Die Pilgerfahrt geht auf eine Mönchssiedlung der frühen keltischen Kirche zurück. Den Einsiedlern konnte die Einsamkeit offenbar nicht groß genug und die Entfernung zur nächsten menschlichen Behausung nicht weit genug sein. Jahrhundertelang nannte man „Skellig Michael" auch „die westliche aller Festungen Christi". Flöge man mit einem Hubschrauber über die Insel hinweg, so zählte man von oben neun größere und kleinere kreisrunde Hütten aus Stein, die Mönchszellen in Form von Bienenkörben, ferner zwei Oratorien, die wie umgestülpte Boote aussehen. Es gibt nur wenig Erde, so verwundert es immer wieder, wie die Eremiten hier in den flachen Mulden Gemüse und Blumen gepflanzt – und ihre Toten bestattet haben. Kleinvieh scharrte wohl auch im kärglichen Boden. Seit dem 7. Jahrhundert sollen die Mönche hier ansässig gewesen sein, für die seetüchtigen Wikinger jedoch kein Grund, Skellig 823 nicht zu plündern und Ethgal nicht zu verschleppen, wie eine Chronik berichtet. Vielleicht ist es jener Abt gewesen, dem die Invasoren gnädig erlaubten, statt sofort später in der Gefangenschaft an Hunger zu sterben. Im 11. Jahrhundert übersiedelten die Mönche in das wirtlichere Kerry und überließen die Insel den Pilgern, die aus ganz Europa kamen und die Strapazen eines schwindelfreien Aufstiegs riskieren mussten.
Heute kann man von Caherciveen, Darrynane, Portmagee oder Knigtstown auf Valentia Island, von wo übrigens 1866 das erste Atlantikkabel verlegt wurde, das Europa mit Amerika verband, zu den Skelligs übersetzen.

Pilgerfahrt zur „Dünenkirche" auf Inisheer

Der Grabstein des hl. Cavan wird jedes Jahr neu ausgegraben und versinkt wieder im Sand

Es gibt Pilgerfahrten, bei denen die Iren am liebsten unter sich bleiben und Fremde nicht gern sehen. Von einer berichtet die Irlandspezialistin Margit Wagner. Die Insel Inisheer gehört zur der Bucht von Galway vorgelagerten Aran-Gruppe. Hier liegt in einem Dünenkrater die Ruine einer Kirche, die dem hl. Cavan geweiht ist. Aus welcher Zeit sie stammt, ist nicht mehr genau zu klären. Auf einem Steinaltar ist das schlichte Bild des Gekreuzigten zu sehen. Es wird von gesichtslosen Engeln mit schwingenden Flügeln begleitet. Im Juni eines jeden Jahres wird die Dünenkirche so weit wie möglich freigeschaufelt. Diese Aufgabe fällt den Mitgliedern einer bestimmten Inselfamilie zu. Esel tragen den ausgehobenen Sand in Strohkörben fort. Wird der Steinboden der Kirche sichtbar und ist der Altar von Sand gereinigt, beginnen die Männer und Burschen an einer unbezeichneten Stelle im Nordosten der Ruine zu graben. In etwa einem Meter Tiefe kommt eine Steinplatte zum Vorschein, in die ein altes Kreuz eingeritzt ist. Dieser Ort wird als „Grab des Cavan" bezeichnet. Am Vorabend des 14. Juni nach Einbruch der Dunkelheit finden sich die Inselbewohner, die ein besonderes Anliegen haben, an dieser Stelle ein. Sie entzünden Kerzen und beten die ganze Nacht innerhalb der Kirchenmauern und möglichst nah an der Steinplatte über dem Grab des Inselheiligen. Kein noch so schlechtes Wetter kann die Menschen davon abhalten. In gewöhnlichen Nächten werden der Sandkrater und der benachbarte Friedhof von den Einheimischen abergläubisch gemieden, doch in dieser Nacht scheint der Bann gebrochen. Für die Bewohner von Inisheer gilt: Wem es gelingt, in dieser Nacht an diesem Ort zu schlafen, dem wird geholfen. Viele Menschen, die heute nicht mehr auf der Insel leben, kommen im Juni aus England, aus Amerika in die Heimat zurück, um am Gedenktag des hl. Cavan teilzuhaben und die Familie wiederzusehen. Auswärtige sieht man nicht gern bei den Zeremonien, also auch keine Neugierigen aus Deutschland. Sie werden auch schon mal verscheucht, es sei denn, sie stehen in freundschaftlichen Beziehungen zu einer der Inselsippen.

Die Aran-Inseln waren bevorzugte Siedlungsorte für frühchristliche Mönche. So hat sich auch auf Inisheer, der kleinsten der Inseln, ein ungewöhnliches religiöses Brauchtum erhalten.

Gott, der Vater, sei mit dir,
wenn du heute hinausgehst.
Jesus, Sohn der heiligen Maria,
behüte dich auf deinem Weg.
Der heilige Geist, der Tröster,
bringe dich am Ende des Tages
wohlbehalten nach Hause.
Gott, Maria und St. Patrick mögen dich grüßen
und dich in deinem Hause beschützen.

Am folgenden Tag, dem 14. Juni, dem sogenannten „Pattern Day", feiert der Priester frühmorgens in der Ruine die hl. Messe, wobei in Gälisch auch um die Fürsprache des hl. Cavan gebetet wird. Die Gläubigen knien außerhalb im Sand oder nebenan auf dem Friedhof an den Gräbern ihrer Angehörigen. Nach dem Gottesdienst beginnen die Sandmassen unter den Schritten der sich entfernenden Menge wieder in die Kirche zurückzurieseln. Sie decken das Grab des hl. Cavan und den Boden der Kirche allmählich wieder zu.

Der wichtigste Heilige der Aran-Inselgruppe war der hl. Enda. Er hat die Kultur dieser Eilande geprägt und genoss einen ungewöhnlichen Ruf. Um 490 gründete er ein Kloster in Killeany auf Inishmore, der größten der drei Inseln. Es war eines der ersten und bedeutendsten in ganz Irland. Allerdings muss Enda ein eitler Mann gewesen sein. Eines Tages stellte er eifersüchtig fest, dass der hl. Cíarán von Clonmacnoise bei seinem Besuch von Engeln begleitet wurde, während er sich dieser Auszeichnung nicht erfreuen konnte. Durch hartnäckiges Fasten wollte Enda nun die gleichen Privilegien erhalten und außerdem die Erfüllung von drei Wünschen ertrotzen. Erstens sollte jeder Mensch, der seine Sünden bereute und sich nach dem Tod bei St. Enda bestatten ließ, nie vom Rachen der Hölle verschlungen werden. Zweitens, wer den Heiligen in Not um Hilfe bat, dem stand Gott persönlich bei. Drittens bestand Enda darauf, zur Rechten Gottes sitzen zu dürfen ... Mit diesen überzogenen Forderungen hatte er jedoch das Wohlwollen des Himmels verspielt. Es ist nicht überliefert, dass sich auch nur eine erfüllt hätte ...

Die Kirche, die sie vom Sand befreien ...

Volksfest im August mit Pony- und Fahrradrennen

Auf der Insel Omey vor der Westküste Connemaras im County Galway gibt es eine ähnliche Tradition wie auf Inisheer. Auch hier gräbt man eine Kirche aus dem Sand aus. Das geschieht jedes Jahr im August. Viele Menschen, darunter auch Touristen, kommen vom Festland herüber. Es ist ein richtiges Volksfest mit Pony- und Fahrradrennen im festen Sand und gelegentlich, wenn das Seewetter mitspielt, einem küstennahen Wettrudern in den „Curraghs", den selbstgebauten leichten Booten mit geteerten Leinenwänden. Die Insel Omey besteht aus über 500 Morgen Land. Im 7. Jahrhundert kam der hl. Feichin hierher, um sich nach einem geeigneten Grund für den Bau eines Klosters umzuschauen. Er entdeckte, dass sich die letzten Heiden Irlands hierher zurückgezogen hatten ... In all den Jahrhunderten seit Feichins Ankunft bedeckt der Sand, der von den Atlantikstürmen unaufhörlich herangetrieben wird, die ausgedehnte Mönchssiedlung, die er hier gründete. Die Spitze eines Kirchengiebels streckt sich hartnäckig aus den ihn bedrängenden Sandmassen, gleich einem Symbol religiösen Glaubens, der sich all die Jahrhunderte hindurch weigerte, unterzugehen. „The church they dug from the sands ..." – die Kirche, die sie vom Sand befreien – gehört zu den versteckten heiligen Plätzen Irlands, die noch immer hoch in der Gunst des Volkes stehen.
Die Insel hat wie die Eilande in ihrer Nachbarschaft glücklichere Tage gesehen. Bevor die große Hungernot, ausgelöst durch die Kartoffelfäule in der Mitte des 19. Jahrhunderts, auch auf die keine Inselwelt überschwappte, existierte hier eine blühende Strümpfe verarbeitende Industrie. Viele Inselbewohner wanderten notgedrungen nach Amerika aus. Die Frauen pflegen allerdings noch immer ihre feinen Handarbeiten.

Möge das Heimweh dir immer
den Weg nach Hause zeigen,
wo du auch weilst.
Möge das Licht im Fenster deines Hauses
auch in der trübsten aller Nächte
nicht verlöschen und dir Wegweiser sein.
Möge das Lachen deiner Kinder,
das Pfeifen des Windes übertönen
und den Gesang des Regens vor deiner Tür.
Mögest du immer wissen,
wohin du zurückkehren wirst,
auch wenn deine Augen blind sind.

Wo das Wasser nicht sieden will ...

Auch in Fore tritt man in die Fußstapfen des hl. Feichín

Manche Iren zieht es an Orte, die mysteriös sind, wo das keltische Erbe noch lebendig ist. So wird zum Beispiel die Erinnerung an den hl. Feichín noch an einem anderen Ort gepflegt, der seine Merkwürdigkeiten aufweist. Das ist Fore. Man spricht hier auch gern von „Fore of the wonders" – das Fore der Wunder. In der Tat gibt es hier einige unerklärliche Vorkommnisse, so zum Beispiel Wasser, das nicht sieden will, und einen Fluss, der leicht bergan fließt. Solche Phänomene und Überlieferungen haben ihre Wurzeln im Altertum, und die Vergangenheit lebt noch in diesem liebenswürdigen keinen Dorf drei Meilen östlich der Stadt Castlepollard in der Grafschaft Westmeath. Wahrscheinlich könnte man die Vorkommnisse physikalisch erklären, doch daran hat niemand Interesse, das Wunder wäre kein Wunder mehr. Wer nach Fore unterwegs ist, tritt in die Fußstapfen des hl. Feichín, der im 7. Jahrhundert hier eine Kirche baute. Der geweihte Grund, der seinen Namen von Fobhar Feichín oder St. Feichíns Qelle herleitet, beherbergt eine große Ansammlung von interessanten antiken Dingen.

St. Feichín wurde im Jahr 580 in dem Dorf Bile, Co. Sligo, geboren. Man erzählt, dass der Ruf von seiner Heiligkeit durch ein geheimnisvolles Licht angedeutet worden sei, das bei seiner Geburt rund um sein Elternhaus schien und die ganze Nachbarschaft erhellte. Im alten Friedhof von Fore ist die teilweise restaurierte Kirche die wichtigste Sehenswürdigkeit, ein erlesenes Beispiel früher kirchlicher Architektur. Der westliche Torweg ist wegen seines wuchtigen Türsturzes bemerkenswert; das Gewicht wird auf über zwei Tonnen geschätzt. Der großartige Torweg besteht insgesamt aus sechs Steinen, einschließlich des Türsturzes, der über sechs Fuß lang und zwei Fuß hoch ist. Die Steine hinterlassen einen so majestätischen Eindruck wie die Mauer; beide sind drei Fuß dick. Der westliche Bereich der Kirche stellt ein Mausoleum dar und war ursprünglich die Zelle eines Einsiedlers mit Namen Patrick Beglan. Sie wurde jedoch im 19. Jahrhundert durch die Familie Greville-Nugent aus Delvin umgearbeitet. Die bemerkenswerten zyklopenhaften Torwege erin-

nern an Bauprojekte, wie sie in Syrien vorkommen. Sie scheinen wie Glieder zwischen der frühen keltischen und der östlichen, der orientalischen Kirche gewesen zu sein.
Im Anschluss an die Kirche gibt es eine andere Eremitenzelle (nur der östliche Bereich des Gebäudes kann wirklich alt genannt werden), die aus einem Turm mit zwei Stockwerken besteht, der untere ist eingewölbt. Im Friedhof steht auch ein altes Kreuz, das 1912 entdeckt und später auf dem heutigen Platz aufgestellt wurde. Eine Viertelmeile außerhalb des Dorfes Fore erhebt sich der wuchtige Gebäudekomplex einer Benediktinerabtei mit ihren quadratischen Türmen und sehschlitzartigen Fenstern. Walter de Lacy hat das Kloster in den frühen Jahren des 13. Jahrhunderts für die Benediktiner gestiftet; es hat viele unruhige Jahre erlebt, aber auch Zeiten des Friedens. Auf dem Gelände der Abtei befinden sich die Überreste eines Columbariums, eines Taubenhauses. Tauben bildeten oft die Nahrung für die Mönche im Winter. Ebenfalls trifft man auf die Reste einer Kirche. Beweisstücke für das bemerkenswerte Alter der Mönchssiedlung von Fore und seiner Umgebung werden überall gefunden. So gibt es zum Beispiel nicht weniger als neun alte Kreuze in einem Radius von einer Meile rund um das Dorf.

In Fore tritt man in die Fußstapfen des hl. Feichín, der im 6. Jahrhundert lebte. Hier gibt es noch heute Rätsel zu lösen.

Die Fore-Abtei wurde in der Zeit zwischen 745 und 1176 nicht weniger als elfmal belagert. Als Walter de Lacy das Kloster 1209 wieder aufbaute, wurde es von den Benediktinern aus der Niederlassung von Evreux in der Normandie besiedelt. Heinrich VI. bestimmte in einem Parlamentsakt, dass die Mönche von Fore von Frankreich unabhängig werden und ihren eigenen Prior wählen sollten. Als 1539 der Auflösungsbefehl für das Kloster kam, ließ der „Schwarze Baron von Delvin", Christopher Nugent, die Kirche und die Abtei verwüsten und setzte die Gebäude in Brand.

Möge die Straße dir entgegeneilen,
möge der Wind immer in deinem Rücken sein.
Möge die Sonne warm auf deine Felder fallen
und bis wir uns wiedersehen,
halte Gott dich im Frieden seiner Hand.

Der hl. Finbarr begründete Irlands zweitgrößte Stadt Cork

Aus einer kleinen Insel-Einsiedelei wurde ein bedeutender Pilgerfahrtsort

Der Pass von Keimaneigh wird auch Hirsch-Pass genannt. Er soll seinen Namen von einer örtlichen Legende erhalten haben. Ein reizender zahmer Hirsch wurde von wildentschlossenen blutdurstigen Jägern verfolgt. In seiner Not entwickelte das Tier eine solche Kraft, dass es von einer Passseite zur anderen sprang. Nicht weit von diesem Ort entfernt, in Gougane Barra, Co. Cork, befindet sich das Heiligtum des hl. Finbarr, eine kleine Insel in einem See, die mit dem Festland mittels eines künstlichen Damms verbunden ist. Von hier aus windet sich der River Lee zwischen eingekerbten Bergen und hochaufragenden Felsen auf das bezaubernde Inchigeelagh zu und dann weiter in Richtung Macroom und Cork.

Wer als Pilger zur Insel des hl. Finbarr möchte, findet diesen heiligen Ort etwas über dreizehn Meilen Autofahrt nordöstlich der Bantry-Bucht, wo der See sich ins Farnkraut und an die Felsspitzen kuschelt, eine Meile von der Straße entfernt, die Macroom mit Bantry verbindet. Hier siedelte im 7. Jahrhundert der Heilige, der zum Patron der Stadt Cork wurde.

Auf einer malerischen Insel im See befindet sich das kleine Heiligtum des hl. Finbarr, zu dem die Menschen noch jährlich pilgern.

In Nähe vieler abgelegener Wallfahrtsorte sind die Büsche mit kleinen Dingen geschmückt, die Menschen dort aufgehängt haben – als Zeichen ihrer Verbundenheit: Rosenkränze, Reste vom Brautschleier, Haarspangen, Kugelschreiber …

Er gründete auf dieser winzigen Insel eine Einsiedelei. Von den Originalbauten ist nichts mehr erhalten, doch gibt es noch umfassende Überbleibsel späterer Klostergebäude, dazu einen quadratisch angelegten Hof, der von alten Mönchszellen flankiert ist. Dort steht eine moderne Kapelle im romanischen Stil, ein Oratorium mit farbigen Glasfenstern, auf denen die typischen Heiligen der Grafschaft Cork abgebildet sind. Der Hof nebenan mit seinen dicken Mauern aus grobem Mauerwerk wird durch acht Nischen unterbrochen, von denen jede mit einem schlichten Altar ausgestattet ist. Dort befindet sich auch ein einmaliger Kreuzweg mit irischen Texten.

Am 25. September ist Hauptwallfahrtstag. Wer als Pilger nach Gougane Barra kommt, um St. Finbarrs heiligen Ort zu betreten, folgt den Kreuzwegstationen und nimmt auch Wasser von der heiligen Quelle. Finbarr ist die gälische Bezeichnung für „langes, schönes Haar". Er muss ein schöner junger Mann gewesen sein. Als er sechs oder sieben Jahre alt war, weilten einmal drei Priester im Haus seiner Eltern und fragten den Jungen nach seinem Berufswunsch. Priester – sagte Finbarr. Die Antwort gefiel seiner Mutter gar nicht. Man solle ihn später fragen, wenn er zwölf sei, meinte sie. Doch schließlich willigte sie ein, dass Finbarr den Priestern in die Klosterschule folgte. Der Weg war weit, kein Wasser in Sicht. Unterwegs bekam der Junge schrecklichen Durst. Da sahen sie im Wald eine Hirschkuh mit ihrem Kitz. Einer der Priester befahl dem Diener, die Kuh zu melken. Jedermann hielt das für einen Scherz, aber das Wild blieb stehen und spendete eine Schale Milch. Das war für alle ein Zeichen Gottes, dass Finbarr ein guter Priester werden würde.

Als Finbarr eines Wintertags mit anderen Schülern über den Büchern saß, begann es zu schneien. Schnee fiel selten im Land um Cork, und so eilte er mit den anderen Jungen hinaus, um sich an den weißen Pracht zu erfreuen. Doch der Lehrer duldete nicht, dass sie den ganzen Nachmittag draußen verbrachten. Erst die Arbeit, dann das Spiel, lautete die Weisung. Darüber wurde es dunkel und der Schnee schmolz. Finbarr aber betete inständig, dass Gott den Schnee nicht völlig verschwinden lassen möge. Aber am anderen Morgen regnete es. Der Lehrer erlaubte den Schülern, die am Vortag versprochene Spielstunde nachzuholen. Aber wer hat schon Freude an einem Spiel bei Regen? Doch welches Wunder! Über dem Schilfdach der Schule glitzerte eine dicke Schneeschicht! – Finbarr (auch Fionbarr) wurde später Abt und Bischof und begründete Cork. Sein Fest ist am 25. September.

Auf „Our Lady's Island" beten die Pilger den Rosenkranz

Die Pilgerfahrt kam auch in den Schreckensjahren der Verfolgungszeit nicht zum Erliegen

Fast eine Insel und ebenfalls mit dem Festland durch eine Straße verbunden ist „Our Lady`s Island" in der Nähe von Rosslare im County Wexford. Dort steht an der sturmgepeitschten Küste des Landes Wexford eine Burg, die sich in einem größeren Winkel neigt als der

Schiefe Turm von Pisa. Es handelt sich um eine Verteidigungsanlage, die in die Zeit der Kreuzzüge zurückgeht.
Die erste Burg, die auf „Our Lady's Island" entstand, wurde von dem ehrfurchtgebietenden Rudolph de Lamporte gebaut, der 1184 sein Schicksal mit dem Kreuzzug verband und ins Heilige Land zog, dort im folgenden Jahr in der Schlacht von Hattin aber getötet wurde.
Heute ist „Our Lady's Island" in erster Linie ein Ort der Pilgerfahrt und in dieser Funktion nicht nur im südlichen Irland bekannt. Eine große Demonstration des Glaubens findet jeweils am 15. August, dem Fest der Aufnahme Mariens in den Himmel, statt. An diesen Hauptpilgertag schließen sich noch weitere Bettage an. Sie enden am 8. September, dem Fest Mariä Geburt. Für Jahrhunderte war „Our Lady's Island" der am meisten besuchte Pilgerort im Land Wexford. Die Insel war einmal der Standort eines alten Klosters, das der gesegneten Jungfrau geweiht war, und sie weist ferner die Ruinen eines der Muttergottes geweihten Augustinerklosters aus dem 13. Jahrhundert auf. Außerdem gibt es noch die zerfallenen Reste eines Normannenschlosses.
In all den Jahrhunderten ist die Pilgerfahrt zu „Our Lady's Island" nie zum Erliegen gekommen. Die durch die „Penal Laws" ausgelösten Beschränkungen und Gefahren haben die Pilgerfahrt eher beflügelt. Die Iren wollten ihren Glauben demonstrieren, so wie es auch an anderen heiligen Plätzen der „Grünen Insel" geschah. Einmal nur in den Jahren der Katholikenverfolgung wüteten englische Soldaten auf der Insel und zerschlugen Kruzifixe, Statuen und andere heilige Gegenstände oder warfen sie in den See.
Die überlieferte Pilgerfahrtsordnung schreibt vor, dass die Pilger langsam um die Insel schreiten, dabei den Rosenkranz beten oder andere Gebete sprechen und dann barfuß durch das Wasser am Ufer gehen. Über fünfhundert Jahre organisierten die Kanoniker des hl. Augustinus die Pilgerreisen, doch in jüngerer Zeit wurden sie durch die Diözese Ferns abgelöst. Weil die Frömmigkeit im 19. Jahrhundert abnahm, startete man 1897 eine Wiederbelebung der Pilgerfahrt, die bis heute andauert.
In der Nähe, am Carnsore Point, befinden sich die Relikte einer dem hl. Vauk oder Veoc geweihten Kirche sowie eine nach ihm benannte Quelle. Der Heilige starb 585 in Britannien und wird dort noch heute verehrt.

Wohin ich auch gehe,
wie weit ich meine Schritte auch lenke,
solange ich auch unterwegs bin –
wo Gott ist, bin ich am Ziel.
Du warst am Anfang an meiner Seite
als meine Wege begannen,
sei, o Gott, auch am Ende meines Weges,
wo immer mein Pfad sich
mit allen Straßen des Lebens vereint.

Ein kleiner Bischof auf einem Wegschild lädt die Menschen zur Pilgerfahrt ein

Eine fromme Initiative will alte irische Pilgerwege neu beleben

Seit einigen Jahren gibt es eine Initiative, die die Medieval Irish Pilgrim Paths – die mittelalterlichen irischen Pilgerwege – wieder belebt. Insgesamt gehören sieben Routen dazu: Cosán na Naomh auf der Dingle-Halbinsel, Co. Kerry, St. Kevin's Way von Hollywood nach Glendalough, Co. Wicklow, Lough Derg, eine Route an der Küste gegenüber Saints Island, Slí Mhór – Ballycumber/Leamonaghan nach Clonmacnoise, Co. Offaly, St. Delan's Way von Lismore nach Ardmore, Tóchar Phádraig – Ballintubber Abbey zum Croagh Patrick, Co. Mayo und Turas Gleanncholmcille – Co. Donegal. Dieses Pilgrims-Path-Project wurde vom Heritage Council im Jahre 1997 begonnen. Das Anliegen dieses Projektes ist es, in Verbindung mit örtlichen Behörden ein Netzwerk von Wanderrouten entlang mittelalterlicher Pilgerwege zu entwickeln und zu unterhalten. Die Wanderpfade sind durch Wegschilder gekennzeichnet. Das gelbe Pilgersymbol auf dunklem Grund stellt einen Mönch oder Bischof mit Stab und Tonsur dar. An diese Tonsur muss man sich erst gewöhnen, denn den Mönchen der frühirischen Kirche wurden die Haare über der Stirn halbkreisförmig abgeschnitten, hinten aber trugen sie sie strähnig lang. Wenn sie auf ihren Missionsreisen dann noch mit Lidschatten geschminkt auftraten, müssen sie ein seltsames, vielleicht auch beängstigendes Bild abgegeben haben. Das Schminken hatten sie von den Bildern der Pharaonen übernommen, als deren Nachfahren sich die Kopten verstehen. Nach koptischer Tradition war die frühirische Kirche ausgerichtet.

Typische Wallfahrtszeichen weisen den Weg zu den heiligen Orten.

Gerade diese Wallfahrtsinitiative ist für gemeinsame ökumenische Veranstaltungen geeignet, denn ihre Wurzeln reichen bis in die Zeit der frühchristlichen Kirche zurück, als es noch keine konfessionelle Trennung gab. Die evangelische Kirche hat in den letzten Jahren das Pilgern wiederentdeckt und pflegt es mit Begeisterung. Zwar galt ursprünglich der protestantische Grundsatz: Neben Christus gibt es keine Mittler des Heils, und nur durch den Glauben an ihn werden die Menschen gerettet, doch das Unterwegssein auf alten Pilgerwegen wird zunehmend als Möglichkeit der inneren Sammlung, der Kontemplation und Meditation erkannt. „Mit Christus auf dem Weg" – das ist eine gemeinsame Chance, trotz unterschiedlicher Glaubenspraxis voneinander zu lernen, sich zu achten und in geschwisterlicher Verbundenheit das Ziel des Weges anzusteuern.

Ich betete abermals so viel,
wenn ich mich gerade im Wald aufhielt
oder auf dem Berg.
Vor der Morgendämmerung
versuchte ich wach zu sein,
um in Schnee, Frost und Regen zu beten.
Ich bin mir heute bewusst,
dass der Geist in mir brannte.

Patricks Schicksalsberg „Croagh Patrick" als Ort der Entscheidung

Am letzten Sonntag im Juli bekennen sich unzählige Pilger zu ihrem Nationalheiligen

Am Aschermittwoch des Jahres 441 (eine andere Überlieferung nennt 449) bestieg ein mit der braunen Kutte eines Mönches bekleideter Mann einen steilen Berg im Nordwesten Irlands. Obgleich er nicht alt war, trugen seine Gesichtszüge ernste Falten, die Haut war grau, die Augen schimmerten müde. Schwer atmend bahnte er sich der Wanderer den Weg über Geröll und steinigen Hang. Die Spitze des Berges lag in Nebelwolken gehüllt, und das war dem frommen Pilger gerade recht. Weg strebte er aus der Welt, unsichtbar wollte er sein für das Land und die Menschen zu seinen Füßen. Zu viele Niederlagen hat er hinnehmen und einstecken müssen, und vor Tagen, unverhofft, hat sein Freund und Wagenlenker, Tothmael, den Tod erlitten. Der Pilger hat ihn am Fuß des Berges bestattet, allein, ohne Hilfe und den Beistand der wenigen Christen, die er bisher in diesem Land getauft hat.
So beginnen manche Berichte über den Nationalheiligen Irlands, den hl. Patrick, und seine Bekanntschaft mit dem Berg, der nach ihm seinen Namen trägt und Ziel einer großen Pilgerfahrtstradition wurde: Crough Patrick. Als er ihn bestieg, befand Patrick sich in einer Lebenskrise. Zu viele Widerwärtigkeiten hatte er hinnehmen müssen: Zwischen Roscommon und Tipperary entwendeten die Iren ihm die Pferde. Die Leute von Kildare unterhöhlten eine Straße und ließen seinen Wagen in eine abgedeckte Grube stürzen. Freche Jungen am River Boyne stahlen ihm die Ziege, die seine Milchkrüge trug. Ein König hetzte seine Hunde auf ihn. Als schließlich sein Begleiter Tothmael in einem Hinterhalt starb, war das Maß des Erträglichen voll.
Tothmael versah viele Aufgaben. Er übte in der Regel auch die Funktion des Kutschers aus, wenn der Heilige auf seinen Missionsreisen im Land unterwegs war. Patrick reiste von Ort zu Ort, wo er unermüdlich damit beschäftigt war, zu predigen und zu taufen. Eines Tages musste er eine längere Fahrt antreten. Als er sich auf seinen Platz in der Kutsche setzen wollte, sagte Tothmael: „Diesmal sollst du auf dem Kutschbock sitzen, und ich werde deinen Platz hinter dir einnehmen." Patrick wunderte sich über diese Bitte, doch widersprach er nicht. Als sie etwa die Hälfte der Reise hinter sich gebracht hatten, wurde die Straße schmal und führte schließlich durch einen Hohlweg. Patrick ließ die Pferde langsamer gehen. In diesem Augenblick tauchten zwei Männer hinter der Straßenbegrenzung auf und warfen einen Speer. Er war Patrick zugedacht, doch da die Männer vorsätzlich die Plätze getauscht hatten, wurde Tothmael getroffen. Er war sofort tot ... Da verstand der Heilige, warum Tothmael ihn gebeten hatte, diesmal der Kutscher zu sein. Der gute Mann musste gehört haben, dass ein Anschlag auf Patrick geplant war, wusste jedoch nicht wann und wo. So gab er sein Leben für seinen Freund.

Die Statue des hl. Patrick schmückt den Beginn des Pilgerweges zum Croagh Patrick.

Patrick war über den Tod seines Gefährten sehr erschüttert. Er unterbrach seine Missionsreise und zog sich auf den später nach ihm benannten Berg zurück, wo er nun vierzig Tage betend und fastend zubrachte. Er trug sich schon mit dem Gedanken, seine Missionstätigkeit aufzugeben, doch seine Liebe zu Christus war stärker als alle Resignation.

765 Meter ist der Croagh Patrick hoch – Irlands heiliger Berg, der Zufluchtstätte des ersten großen Missionars der „Grünen Insel" wurde.

Patrick war ursprünglich gar kein Ire gewesen, sondern der Sohn eines römischen Dekurionen in Britannien. England war damals eine römische Provinz. Patricks Großvater soll sogar Priester gewesen sein, der Vater Diakon. Eines Tages wurde der Junge von einer irischen Räuberfamilie, die, über die irische See kommend, in England eingefallen war, nach Irland entführt und musste sechs Jahre als Sklave die Schafe des Clans hüten. Doch mit Hilfe eines Schiffers, den er bestochen hatte, gelang ihm die Flucht, und er kehrte in die Heimat zurück. Patrick blieb aber nicht zu Hause. Er wollte Theologie studieren und als Priester zurückkommen. Denn die wilden, heidnischen Iren sollten nach seiner Meinung unbedingt Christen werden. Er studierte auf der Insel Lérins, die vor der französischen Küste im Mittelmeer liegt, und lernte dort die koptische Kirche kennen, die ihre Spiritualität aus dem Vorderen Orient und von den Wüstenvätern der Thebais bezog. Die vielen späteren Klostergründungen in Irland fußen auf dieser koptisch geprägten Tradition. Nach der Priesterweihe schickte ihn Papst Coelestin I. im Jahr 432 als Bischof auf die „Grüne Insel" zurück, wo er mit den ausgedehnten, aber zunächst erfolglosen Missionsreisen begann.

Ich kam zu den irischen Heiden,
um die Frohe Botschaft zu verkünden
und die Beschimpfungen der Ungläubigen anzunehmen.
Ich gab meinen freigeborenen Status auf
für das Wohl anderer.

So bekannte Patrick, so schrieb er in seiner „Confessio", die ein Bekenntnis von ungeahnter Offenheit und Ehrlichkeit ist. Als er auf dem Berg weilte, betete er unablässig. Hundert Gebete sprach er am Tag, hundert bei Nacht, bei Schnee, Regen, Hagel und Sonnenschein. Er rang mit dem Himmel um seine Zukunft, er wollte Sicherheit, Gewissheit, Garantien für den erfolgreichen Verlauf seiner weiteren Mission. Der Himmel verhielt sich zurückhaltend, gab dem Drängen des Heiligen nicht ohne Weiteres nach.
„Du sollst so viele Seelen aus dem Fegefeuer erlösen, wie in dem Meer Platz haben, das vor dir liegt", offenbarte ihm ein Engel. St. Patrick betrachtete das Meer mit dem Irrgarten von Inselchen. Dreihundertfünfundsechzig sollten es sein, eine Insel für jeden Tag. Und rings um die Clew Bay hohe Berge – eine Symphonie in Grau und Blau. Überwältigend dieser Ausblick an schönen Tagen. Doch dem heiligen Patrick war das Angebot des Engels nicht genug. „Damit ist nichts gewonnen", antwortete er ihm nicht ohne Hintergedanken, „denn menschliche Augen sind schwach und können nicht weit sehen."
„Dann sollst du so viele Seelen retten, wie auf dem Land und in der See vor deinen Augen Platz haben."

Aber auch dieses Zugeständnis des Boten Gottes war dem heiligen Mann nicht ausreichend. Er reizte und feilschte mit dem Engel um die Seelen der Menschen, als ob es sich um Ware handelte. Hartnäckig war er, was hatte er auch zu verlieren? Der hl. Patrick setzte alles auf eine Karte – er wollte ganz Irland zu Gott führen. Dann waren auch die Vögel wieder da, die Dämonen. Sie krächzten und schrien ohne Unterlass. Da griff der Heilige zur Glocke und schwang sie in heiligem Zorn, und er läutete und läutete, dass man ihren Ton in ganz Irland hören konnte, und schließlich warf er die Glocke den verschreckten Vögeln nach. Patrick lebte auf einem Lager aus Steinen, auch sein Kopfkissen war ein Stein, wie die Ruhestatt des alttestamentlichen Jakob, der im Traum die Himmelsleiter sah. Und vom Himmel erfuhr Patrick schließlich Zuspruch, seine Seele wurde gestärkt durch das Wort des Engels: „Du darfst so viele Seelen erlösen, wie Fäden in deinem Messgewand sind."
Gab er sich damit zufrieden?
„So viele bekommt jeder Heilige – das genügt mir nicht", lautete Patricks Antwort.
Der Engel seufzte. An so viel Hartnäckigkeit schien auch die himmlische Geduld zu scheitern. „Ich gestehe dir zu, dass niemand, der die Hymne ‚Audite Omnes' täglich singt, der ewigen Verdammnis anheimfällt."
St. Patrick wusste, dass die Hymne lang und schwierig war, und er sagte es.
„Dann soll der letzte Vers genügen."
Doch dann sprach der Engel ein Machtwort im Namen Gottes, und der Heilige gehorchte und stieg vom Berg ...

Auf dem Gipfel des Berges steht eine kleine Kapelle, die Ziel der Wallfahrt ist.

Möge das Auge Gottes auf dir ruhen,
wenn du unterwegs bist.
Der Fuß Christi geleite dich.
Möge die Fülle des Geistes
sich reichlich und großzügig über dich ergießen.
Gottes Frieden sei mit dir,
Jesu Frieden sei mit dir
und der Frieden des Hl. Geistes
komme über dich
und über deine Familie
an jedem Tag und in jeder Nacht deines Lebens.

Um das Leben des Apostels von Irland rankten sich viele Legenden und Überlieferungen, mit denen er keltische Traditionen durchbrach, aber nicht verwarf. Im Frühjahr feierten die irischen Vorfahren zum Beispiel das Beltane-Fest. Bei dieser Gelegenheit wurde das Beltane-Feuer entzündet, das das Land von den Geistern und Krankheiten des Winters befreien sollte. Dieses zeremonielle Feuer durfte auf Anweisung der Druiden an einem vorausbestimmten Tag nur der Hochkönig entzünden. Es galt als Symbol für das wiedererwachende Leben in der Natur. Der hl. Patrick entfachte 433 auf dem Hügel von Slane das Osterfeuer christlicher Deutung. Es sollte das Licht Christi symbolisieren und eine neue Ära der Gottesverehrung einläuten. Das nahm der Herrscher nicht widerspruchslos hin, und mehr als einmal musste Patrick sich und seine Mitstreiter vor den Nachstellungen des Hochkönigs in Sicherheit bringen. Anhand des dreiblättrigen Kleeblatts, des Shamrock, erklärte der Heilige dem Hochkönig Loaghaire auf Tara das Geheimnis der göttlichen Dreifaltigkeit. Als Patrick den König Aengus schließlich in Cashel, dem Ort der Krönung, taufte, war er schon ein betagter Mann und stützte sich schwer auf seinen Bischofsstab. Dabei übersah er, dass er dem ebenfalls schon betagten König versehentlich den Stab in den Fuß stieß, bis Blut aus dem Schuh rann. Der Heilige war zu Tode erschrocken, als er sah, welches Missgeschick ihm passiert war. Der König aber, an manche fremdartige Zeremonien der Druiden gewöhnt, hielt den schmerzhaften Stoß für einen Teil des Taufritus. – Patrick stieg vom Berg herab. Unterwegs betet er:

Klosterruinen, wie hier auf dem Hügel von Slane, sind überall im Land malerische Überbleibsel einer großen prägenden Kultur.

Majestätisch und oft von kleinen weißen Wölkchen umschwebt, erhebt sich Irlands heiliger Berg über der Clew Bay.

Nicht selten steht am Eingang zu einem früheren Klosterbereich die Statue des Gründers oder die des Nationalheiligen, des hl. Patrick.

Die Kraft Gottes möge uns führen,
die Kraft Gottes möge uns behüten,
die Weisheit Gottes möge uns lehren.
Die Hand Gottes möge uns beschützen,
der Weg Gottes möge uns lenken,
das Schild Gottes möge uns verteidigen.
Möge das Heer Gottes uns bewahren
vor den Schlingen des Bösen
und den Versuchungen der Welt.
Möge Christus mit uns sein.
Christus sei über uns,
Christus sei in uns,
Christus sei vor uns.
Mögest du, o Gott,
uns immer retten
an diesem Tag und für alle Zeit.

Fast still nahm das Christentum von Irland Besitz. Es bedurfte einer langen Zeit, bis die sorgsam ausgestreute Saat so aufging, wie Patrick es sich vorgestellt hatte, und hundertfache Frucht trug. Aber die Zeugen der Botschaft Christi, die das Land hervorbrachte, waren die echtesten und verlässlichsten, die treuesten und begeistertsten, die je in Europa lebten. Die alte Weissagung der Druiden hatte sich erfüllt: Es wird ein Mann kommen mit kahlem Kopf und gebogenem Stab. Sein Mantel wird ein Loch für den Kopf haben. An seinem Tisch, der im Osten des Hauses steht, wird er singen, und alle die Seinen werden antworten: „Fiat, fiat!"

Der „Rock of Cashel" – die Residenz der Könige von Munster – ist eine der meistbesuchten und historisch bedeutendsten Stätten in Irland. Es ist der Ort, an dem der schon betagte St. Patrick den König Aengus tauft. Gut 90 m erhebt sich die „Steinfestung" über der weiten Landschaft von Tipperary. In der Kapelle des hl. Cormac zieren Köpfe den Bogen zum Chorbereich – darunter sogar die von Affen und Pharaonen. Für die Kelten war der Kopf der Sitz der Seele.

Der Heilige ahnte nicht, wie groß die Begeisterung der Iren für ihn war. Überall im Land bauten sie Kirchen und gaben ihnen seinen Namen, benannten sie ihre Söhne nach ihm. Einmal jährlich, am letzten Sonntag im Juli, folgen sie seinem Weg zum Crough Patrick hinauf. Die Pilgerfahrt am sogenannten Garland-Sunday ist eine gewaltige Massenveranstaltung und nicht ungefährlich. Viele Menschen sind bereits von plötzlichen Stürmen und Regengüssen überrascht worden und gestürzt, haben sich zum Teil schwer verletzt. Es hat auch mehrmals Tote gegeben. Zunächst erklomm man den Berg am Gedenktag des hl. Patrick, am 17. März, und dazu vielfach barfuß. Auch heute sieht man Menschen ohne Schuhe den Croagh Patrick besteigen, die Hosen hochgekrempelt, einen langen Pilger-

stock in der Hand. Die Pfade zum Gipfel sind oftmals glitschig, das Geröll ist kantig und messerscharf, die Steinspitzen können sogar Schuhsohlen aufritzen. Nicht zuletzt deshalb hat man den Hauptwallfahrtstag vom März, in dem die Wetterverhältnisse noch ungünstiger sind, in den Sommer verlegt.

Ursprünglich begann die Pilgerfahrt bei völliger Dunkelheit, seit 1970 ist das aus Sicherheitsgründen offiziell nicht mehr erlaubt. Der Berg ist 765 Meter hoch, weist also keine außergewöhnliche Höhe auf, denn die anderen Berge von Connemara stehen ihm an Größe nicht nach. Doch tiefhängende Wolken mit Regen- und zuweilen auch Schneeschauern können den Weg zur kleinen St.-Patrick-Kapelle auf dem Gipfel schon zur Strapaze werden lassen. Diese Pilgerfahrt ist wie viele in Irland eine Bußwallfahrt. Beichtstühle fehlen daher nicht in luftiger Höhe. An den Pilgertagen werden zahlreiche Gottesdienste hintereinander gefeiert. Über dem Abgrund an der Südseite des Berges soll Patrick der Legende nach auf einer Felskante gestanden und Irland von Schlangen und allen giftigen Kreaturen befreit haben. Dazu schwang er die Glocke. Ihr gewaltiger Schall pflanzte sich über die Höhen fort. Eine große Anzahl von Nattern, Kröten, Eidechsen und anderem Kleingetier kam und stürzte sich in den Abgrund ... Das Reliquiar der Patrickglocke befindet sich im Nationalmuseum in Dublin.

Auf dem Croagh Patrick endet auch der Fernpilgerweg, der von der wiedererrichteten Abtei Ballintubber, Co. Mayo, ausgeht und über die historischen Orte Aghagover und Murrisk führt. Das erste Kloster in Aghagover gründete St. Senach, der von St. Patrick zum Bischof dieses Ortes ernannt wurde. Es ist der nämliche Heilige, der im 6. Jahrhundert Scattery Island in der Shannon-Mündung besiedelte. Der malerische Rundturm von Aghagover ist teilweise erhalten. Irgendwann einmal schlug ein Blitz in das Dach. Die Kirche in der Nähe stammt aus dem 15. Jahrhundert, enthält jedoch Teile eines älteren Bauwerkes. Murrisk am Fuße des Croagh Patrick war einst eine Augustiner-Niederlassung und wurde 1457 von Hugh O'Malley gegründet. Die Ruinen liegen in romantischer Umgebung am Eingang zur Clew-Bay und werden von Irlands heiligem Berg überragt. Wenn die Pilger diesen malerischen Ort erreicht haben, beginnen sie den Aufstieg auf den Croagh Patrick, wozu sich ihnen mehrere Möglichkeiten anbieten. Einen einheitlichen Pilgerweg nach oben gibt es nicht.

Man könnte hinzufügen: so wie es auch oftmals keine einheitliche Darstellung der geschichtlichen Überlieferungen gibt. Was die narrativen Erzählungen betrifft, die Heiligenlegenden zum Thema haben, so gilt gerade für den Croagh Patrick noch eine andere Version des Aufenthalts des Apostels der Iren an diesem Ort. Danach kam in jeder Nacht ein Engel zu St. Patrick, um ihn zum Fortgehen zu bewegen. Patrick jedoch stellte immer neue Forderungen. „Gibt es noch etwas, was du verlangst?", fragte der Engel einmal.

„Ja", erwiderte Patrick, „die Sachsen sollen weder mit Erlaubnis noch durch Gewalt in Irland bleiben, solange ich im Himmel bin."

„Was stellst du für Bedingungen?", rügte der Engel. „Du solltest gehen."

„Ich werde nicht gehen, denn ich erleide Qualen. Ich bitte darum, gesegnet zu werden", bat St. Patrick.

„Und sonst? Gibt es sonst noch etwas, was du möchtest?"

„Ich will am Jüngsten Tag über die Menschen in Irland richten!", forderte der Heilige.

Der Engel schüttelte den Kopf. „Eine solche Bitte kann man vom Herrn nicht erfüllt bekommen."

„Wenn er sie nicht gewährt, steige ich auch nicht vom Berg hinab", beharrte der Heilige. „Ich werde diesen Ort bis zum Jüngsten Tag nicht verlassen und werde sogar noch einen Wächter hinstellen."

„Cormac's Chapel" ist ein wahres irisch-romanisches Juwel auf dem Kalksteinfelsen. Die Kapelle ist hundert Jahre älter als die Kathedrale und birgt eine reiche keltische Dekoration. Sie wurde von Cormac Mac Carthaigh, dem König von Desmond und Bischof von Cashel, um 1124, etwa 50 Jahre vor der anglo-normannischen Invasion, aus rotem Sandstein erbaut.

Die große Kathedrale auf dem „Rock of Cashel" stammt aus dem 13. Jahrhundert. Ihr Chorraum ist länger als das Kirchenschiff.

Der Engel entschwand. Beim nächsten Besuch sagte er: „Der Herr macht dir ein Zugeständnis. Denn er hat seit den Aposteln keinen eifrigeren Mann mehr gesehen als dich. Auch wenn ihm deine Hartnäckigkeit missfällt, will er dir gewähren, warum du bittest. Die Menschen Irlands, die gestorben sind, die heute leben und noch kommen werden, sollen geheiligt werden."
Patrick erhob sich. „Der großmütige König des Himmels sei gesegnet. Ich werde den Berg verlassen."
Als er den steinigen Hang hinabstieg, umschwirrten große dunkle Vögel sein Haupt, sodass es dunkel wurde von ihrem mächtigen Flügelschlag. Patrick ging wie einst Moses vom Berge Sinai zu den Menschen hinab. Die Heiligen Irlands, die vor ihm gelebt hatten, die lebten und noch leben werden, waren als Geistwesen um ihn.

Gottes Antwort auf meine Gebete begeisterten mich,
dieses heilige und wundervolle Werk
trotz meiner Unwissenheit
zu übernehmen
und jenen nachzueifern,
die die Frohe Botschaft allen Nationen verkünden
bis ans Ende der Welt.

Barfuß über spitze Steine und eine schlaflose Nacht

„St. Patrick's Purgatory" im Lough Derg ist der härteste Bußort der Welt

Einer der mysteriösesten Pilgerfahrtsorte dieser Erde befindet sich in Irland im Lough Derg. Es handelt sich um St. Patrick's Purgatory – das Fegefeuer des hl. Patrick –, ein Bußort, der den Pilgern ungewöhnliche Kraft und Ausdauer abverlangt und mit seinem Gebetsprogramm und Zeremoniell wohl einmalig auf der Welt ist. Dass jedes Jahr unzählige Frauen und Männer die Strapazen dieser Pilgerfahrt auf sich nehmen, ist ein unerklärliches Phänomen, denn die Iren sind keine größeren Sünder als die „Resteuropäer". Diese Form der Bußwallfahrt ist aus der Tradition gewachsen und behauptet seinen Platz im religiösen Leben vieler Menschen. Wenn die Väter des Glaubens, die Missionare, um der Frohen Botschaft willen jahrelang so große Anstrengungen und Mühen auf sich nahmen, um ihre Mitmenschen mit dem Evangelium zu beglücken, dann wird man zum Dank und aus Solidarität doch wenigstens zwei, drei Tage so entsagungsreich und einfach leben können wie sie.
Die bedeutendste der malerischen Inseln in dem von Bergen und aufgeforsteten Wäldern umgebenen See liegt wie ein Farbtupfer inmitten des stillen Wassers, an dessen Rändern Wiesen und Heidekraut in Zonen mit Buschwerk und Bäumen übergehen. Mittelalterliche Karten wiesen diesen Platz als „das Wahrzeichen" Irlands auf, und auf einer Weltkarte von 1492 wird er sogar als einziger Ort Irlands mit Namen genannt. Pilger aus vielen Teilen

Europas, aus Frankreich, Spanien, Ungarn, England und Holland, auch aus Deutschland, kamen zwischen dem 11. und 15. Jahrhundert zum „Lough Derg", die große Mehrheit waren jedoch stets irische Frauen und Männer. Weder die Zerstörung der Gebäude auf der Insel während der Katholikenverfolgung unter Oliver Cromwell noch die „Akte" von Queen Anne 1704, die die Pilgerfahrt bei schweren Strafen verbot, schreckten die Wallfahrer ab, zu Tausenden auf diese Bußinsel zu kommen.

Das Oktogon der Wallfahrtskirche überragt die anderen Gebäude auf der Bußinsel im „Lough Derg".

„Lough Derg" beherbergt angeblich 24 kleine Inseln und steht in der Tradition des hl. Patrick, der ja zunächst kein so erfolgreicher Missionar war, wie immer geschildert wird, und dennoch Irlands Nationalheiliger wurde. Als er nach der Legende predigend durchs Land zog und ihm die Menschen nicht die erwartete Aufgeschlossenheit entgegenbrachten, bat er Gott um ein Zeichen, durch das er die hartnäckigen Iren aufrütteln und zur Reue bewegen könne. In jener sagenumwobenen Insellandschaft mitten im See unweit der heutigen Provinzgrenze Donegals zum nordirischen Fermanagh zeichnete Patrick auf Geheiß des Himmels mit seinem Wanderstab einen großen Kreis in den Sand. Darauf öffnete sich der Boden, und der Heilige durfte einen Blick in das Fegefeuer tun, in dem viele Seelen ihrer Erlösung harrten. Wer als Büßer dort hinabsteige, so wurde ihm offenbart, habe keine weiteren Strafen zu erleiden und werde auch nach seinem Tode nicht noch einmal ins Fegefeuer geworfen. Die „Bußhöhle" wurde zunächst von keltischen, später, etwa ab 1130, von Augustiner-Mönchen betreut. Daten aus der Anfangszeit sind spärlich. Bekannt ist nur, dass die Dänen das Kloster auf Saint's Island um 816 überfielen und viele Bewohner töteten.

Nach einer anderen Überlieferung entschied sich an diesem Ort der Endkampf zwischen der aussterbenden Macht der Druiden und ihrer Götterwelt und der Macht Jesu Christi, die St. Patrick auf seinen Missionsreisen verkörperte. Vierundzwanzig Stunden rang er persönlich auf der Teufelsinsel mit den Dämonen der Unterwelt und kehrte unversehrt zu der staunenden Menschenmenge am Ufer zurück. Patrick erkor den Platz zum Ort der Buße und errichtete auf der benachbarten Insel Saint's Island ein Kloster, das er einem seiner Schüler unterstellte. Eine weitere Legende erzählt von einer Schlange, die den See bewohnte und den Leuten arg zusetzte. Der hl. Patrick tötete das Ungeheuer. Das Wasser des Sees färbte sich rot, wodurch der Name Lough Derg – roter See – erklärt wird. Eigenartig geformte Felsen am Ufer wurden lange Zeit als die versteinerten Überreste des Monstrums angesehen. St. Patrick wird in der darstellenden Kunst auch auf dem Kopf einer Schlange stehend abgebildet; er liefert damit eine der zahlreichen Hypothesen dafür, warum es in Irland angeblich keine Reptilien gibt.
Lange Zeit nachdem Patrick in die Ewigkeit heimgegangen war, kam der Abenteurer und Glücksritter Owen nach seiner Teilnahme am Kreuzzug des Königs Stephan 1147-49 in jene abgelegene Gegend. Er vernahm die Kunde vom Fegefeuer. Da er ein großer Sünder, doch bußfertig war, entschloss er sich, in das Fegefeuer hinabzusteigen. Nachdem er fünfzehn Tage gefastet und gebetet hatte, wurden ihm erschreckende Visionen zuteil.

Die Geschichte des Glücksritters machte die Runde und kam auf verschlungenen Wegen in die Welt. Der englische Mönch Henry of Saltrey schrieb sie 1184 auf – es wurde ein Bestseller des Mittelalters. Um 1500 soll es allein 74 lateinische Erlebnisberichte und unzählige Versionen in verschiedenen Sprachen gegeben haben. Jakobus de Voragine nahm sie im 13. Jahrhundert in seine „Goldene Legende" – Legenda aurea – auf, und Dante ließ sich durch sie bei der Niederschrift seiner „Göttlichen Komödie" inspirieren.

Mögen die Heiligen,
deren Namen alle Tage des Jahres füllen,
immer bei guter Laune sein,
dass sie vom Himmel aus
gern auf unseren Erdenweg schauen.
Unsere Anrufe mögen sie erfreuen,
damit sie sich unserer erinnern,
unsere Gebete sie anstacheln,
bei Gott, der über die Welt herrscht,
ein gutes Wort für uns einzulegen.

Je mehr man über die Geschichte „Lough Dergs" liest, umso doppeldeutiger scheinen die Überlieferungen zu sein. Es gibt eine umfangreiche Literatur, die sich ergänzt, doch in den Daten und zeitlichen Abläufen nicht immer bestätigt. So soll der Name des Sees auch vom roten Blut von des Teufels Mutter herrühren, die Patrick angeblich hier getötet hat.

Vorher hieß der See Loch Gerg oder Gercc. Der Name dieses National-Apostels Irlands wurde bis zum 12. Jahrhundert nicht mit dem Lough Derg in Verbindung gebracht. Zu jener Zeit kam auch ein örtlicher Heiliger mit Namen Daveoc, Dabeoc oder Davog ins Gespräch, der im Zusammenhang mit dem See genannt wurde. Spätere Geschichtsforscher verfolgten seinen Namen bis in die Grafschaft Down zurück, wo sein angeblicher Vorfahr, Dichú, als erster Ire von Patrick bekehrt worden sei. Diese Vermutung mag ein frommer Vorwand des 12. Jahrhunderts dafür gewesen sein, dass man St. Patrick über den Lokalheiligen stellte. Wahrscheinlich war Dabeoc jedoch ein Einsiedler, der auf einer der Inseln lebte, vielleicht auch der erste Abt des Klosters. Nach einer Überlieferung aus dem 17. Jahrhundert wurde der Heilige auf dem Eiland bestattet und sein Grab vermutlich Mittelpunkt eines lokalen Pilgerfahrtskultes, Jahrhunderte bevor Patricks Name am See auftauchte. Nach einer anderen Überlieferung soll er ein Schüler des hl. Patrick gewesen sein und aus Wales stammen. Er steht in der Liste der Zwölf Apostel Irlands in einer Legende, die den Fluch von Tara beschreibt, und sein Name wurde im 13. Jahrhundert weit und breit verehrt.

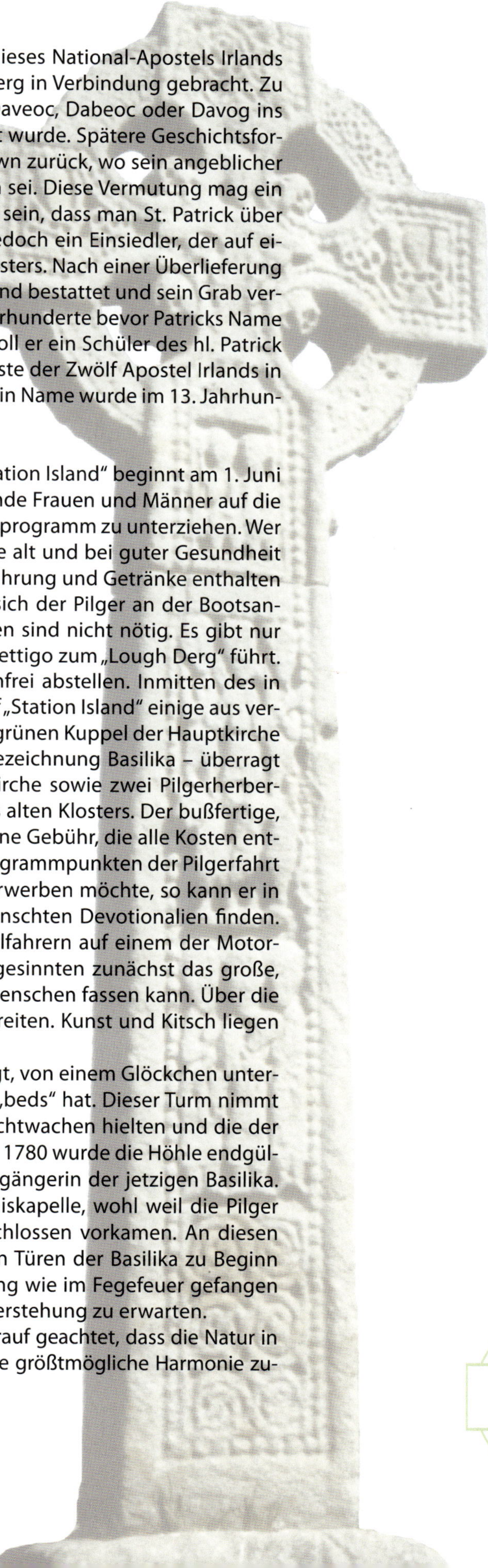

Die Wallfahrtssaison zum „St. Patrick's Purgatory" auf „Station Island" beginnt am 1. Juni und endet am 15. August. In dieser Zeit kommen Tausende Frauen und Männer auf die Hauptinsel des Lough Derg, um sich einem strengen Bußprogramm zu unterziehen. Wer sich auf dieses Ritual einlässt, muss wenigstens 14 Jahre alt und bei guter Gesundheit sein und sich am Tag der Anreise ab Mitternacht aller Nahrung und Getränke enthalten haben, klares Wasser ausgenommen. Bis 15 Uhr muss sich der Pilger an der Bootsanlegestelle am Ufer des Sees einfinden. Vorausbuchungen sind nicht nötig. Es gibt nur eine einzige schmale Straße, die von der kleinen Stadt Pettigo zum „Lough Derg" führt. Auf dem großen Parkplatz kann jeder sein Auto kostenfrei abstellen. Inmitten des in bleierner Stille gelegenen Sees erkennt der Besucher auf „Station Island" einige aus verschiedenen Epochen stammende Gebäude, die von der grünen Kuppel der Hauptkirche – übrigens dem einzige Gotteshaus in Irland mit der Bezeichnung Basilika – überragt werden. Neben der Basilia gibt es noch eine andere Kirche sowie zwei Pilgerherbergen und einige Zellen, auch „beds" genannt, Reste eines alten Klosters. Der bußfertige, möglichst konventionell gekleidete Pilger zahlt eine kleine Gebühr, die alle Kosten enthält. Wenn er sich mit den Fastenregeln und anderen Programmpunkten der Pilgerfahrt vertraut machen oder Gebetbücher und Rosenkränze erwerben möchte, so kann er in einem Shop die entsprechende Literatur und die gewünschten Devotionalien finden. Darauf lässt sich der Bußwillige mit vielen anderen Wallfahrern auf einem der Motorboote zur Insel hinüberfahren und besucht mit Gleichgesinnten zunächst das große, dem hl. Patrick geweihte Gotteshaus, das bis zu 1 200 Menschen fassen kann. Über die Einrichtung der 1931 konsekrierten Basilika lässt sich streiten. Kunst und Kitsch liegen in Irland eng beieinander.

An Pilgertagen wird die Stille, die über Land und See liegt, von einem Glöckchen unterbrochen, das seinen Platz in einem Steinturm über den „beds" hat. Dieser Turm nimmt die Stelle der Originalhöhle ein, wo Pilger früher die Nachtwachen hielten und die der Insel den Namen „Purgatory" – Fegefeuer – gab. Im Jahre 1780 wurde die Höhle endgültig geschlossen und durch einen Kirchbau ersetzt – Vorgängerin der jetzigen Basilika. Man nannte die Kirche auch „prison-chapel" – Gefängniskapelle, wohl weil die Pilger sich wie in einer Höhle von der Außenwelt wie abgeschlossen vorkamen. An diesen Zustand erinnert auch das rituelle Schließen der großen Türen der Basilika zu Beginn der Nachtwachen. Die Menschen sollen sich eine Zeitlang wie im Fegefeuer gefangen fühlen, um mit Christus die Morgendämmerung der Auferstehung zu erwarten.

Bei der Ausgestaltung der Insel haben die Pilgerväter darauf geachtet, dass die Natur in die baulichen Planungen mit einbezogen wurde und eine größtmögliche Harmonie zu-

Keltische Traditionen mischen sich mit christlichen Bräuchen, wenn die Pilger die Bußübungen an gesonderten Stellen vollziehen.

stande kam, die sich wohltuend auf die Besucher auswirken sollte. So schätzen viele Beter den Schutz einer kräftigen Platane, die den großen Bußort beschirmt. Als Father Daniel O'Connor 1878 sein Buch über „Lough Derg" schrieb, bemerkte er, dass dieser Baum schon damals über zwei- bis dreihundert Jahre alt sei. Im Patricks-Gedenkjahr 1961 wurde ein Ableger in die Nähe des Bootskais gepflanzt.

Bevor der Wallfahrer seine erste „Station" oder „Statio" unter freiem Himmel beginnt, gibt er im Gästehaus sein Schuhwerk ab, denn von jetzt an bewegt er sich barfuss, was durch das unebene Gelände mit zum Teil steinigem Untergrund erschwert wird. Die „Statio" besteht aus dem Wechsel von stillen und gesprochenen Gebeten und schweigendem Gehen, Stehen und Knien, wobei man sich um zwei Kreuze, um die Basilika, die sechs steinernen Bußkreise oder „beds" bewegt und schließlich bis zum Ufer des Sees kommt. Die „Vater unser", „Gegrüßet seiest du, Maria" und Glaubensbekenntnisse – deren Zahl offenbar im Lauf der Zeit variierte – sollen den alltäglichen Menschen durch ihren einfachen Rhythmus und ihre ruhige Wirkungsweise befähigen, seine ruhelosen Gedanken zu bezwingen und sein Herz Gott zuzuwenden. Keine andere Übung während des Pilgerzustands sei anstrengender als diese körperliche und schwere Reise rund um die „beds", bekunden manche Teilnehmer. Doch es kommt weitaus schlimmer.

Nach der ersten „Statio" darf der Pilger zu jeder Zeit sein Fasten brechen. Immerhin ist er seit Mitternacht nüchtern. Allerdings erwartet ihn kein fürstliches Mahl, sondern allenfalls trockenes Brot und schwarzer Tee mit Zucker. Für die Brotmenge gibt es keine Vorschriften, doch muss die Mahlzeit in einem Gang beendet werden. An allen drei Tagen gibt es nur eine Stärkung in dieser Form.

> Wo du auch immer unterwegs bist –
> mögest du freundlich gegrüßt werden
> von dem, den du auf der Straße triffst.

Die „Stationes" dauern jeweils eine Dreiviertelstunde. Drei von ihnen müssen bis 19.20 Uhr des ersten Tages beendet sein. Um 22.15 Uhr versammeln sich die Pilgerinnen und Pilger in der Basilika zur Nachtwache. Dies ist bei Weitem der schwierigste Teil des asketischen Programms. Es beginnt mit einer „heiligen Stunde", die der gemeinschaftlichen Vorbereitung auf die Beichte dient. Daran schließt sich nach einer Pause der Rosenkranz an. Beide Gebetsformen sollen zur Reflexion und zum persönlichen Gebet einladen. Noch während der Nacht werden vier „Stationes" gemeinsam im Schreiten absolviert, sofern die Besuchermenge es zulässt. Zum Frische-Luft-Schöpfen darf allerdings jeder kurz vor die Tür. Allmählich geht die lange Nacht in die Morgendämmerung über und vereint alle wieder zum Morgengebet und zur hl. Messe.
Morgenlob und Eucharistiefeier, Beichte, Kreuzwegandachten, Abendgottesdienst, Nachtgebet und Segen füllen den Zeitplan der spirituellen Übungen aus. Am zweiten und dritten Tag verrichtet der Pilger draußen noch je eine „Statio", bevor er die Insel wieder verlässt. In der zweiten Nacht darf er schlafen, doch das Fastengebot hält er bis zum Ende des dritten Tages.
Während seines Aufenthaltes auf der Bußinsel ist der Pilger von Sinnbildern und Symbolen der Bibel und Liturgie umgeben. Sein Drei-Tage-Rückzug aus der lauten Welt soll ihn in das Paschamysterium Christi einweihen, der für die Menschheit starb und am dritten Tag auferstand. Die Fahrt mit dem Fährboot über das Wasser erinnert an die Tauf-Zeremonie, die der Beginn jedes christlichen Lebens ist. Das Barfußgehen, wie es Moses und Joshua im Alten Testament taten, ist ein Zeichen der Verehrung und des Respekts vor der Anwesenheit Gottes. Die gemeinschaftliche Versammlung zum Gottesdienst stärkt das Zusammengehörigkeitsgefühl und die Gewissheit, zur Kirche Jesu Christi zu gehören, durch die wir Heil und Erlösung erfahren. Auch das geteilte Fasten und die Nachtwache binden die Pilger und vereinen sie mit der leidenden Menschheit in der Welt. Die Pilgerfahrt verfolgt nicht zuletzt das Ziel, öfter die Sakramente der Buße und der Eucharistie zu empfangen. Durch Gebet und Buße eifert der Christ Jesus nach, der sich durch sein asketisches Leben ganz dem himmlischen Vater hingab.
Als Joseph Duffy noch einer der betreuenden Priester auf der Bußinsel war – er wurde 1979 Bischof der zuständigen Diözese Glogher und hat einen Führer über „Lough Derg" geschrieben –, unterzogen sich an die 20 000 Menschen pro Jahr der strengen Bußordnung. 1952 waren es gar 34 645 gewesen. Aber auch schon früher zählte man die Zahl der Pilger – mit Ausnahme nach der großen Hungersnot von 1846 – nach Tausenden. Die meisten Menschen stammen aus der Nordhälfte der Republik Irland, reisen per Bus oder privat an. Jedoch auch aus Übersee kommen Pilger, Nachfahren irischer Auswanderer, die die Bräuche ihrer Vorfahren achten. Auch englische Staatsangehörige nehmen beträchtliche finanzielle Opfer auf sich, um an der Lough-Derg-Pilgerfahrt teilzunehmen. Viele Pilger finden sich jährlich ein, einige jedes zweite oder dritte Jahr. Die „Legio Mariens" und

Magische Kreise, Labyrinthe, Lebenswege in Kleinformat – immer wieder trifft der Pilger auf Zeichen und Symbole, die Abbild seiner irdischen Existenz sind.

andere Gruppierungen und Vereine, aber auch Pilgerstellen und Reisebüros organisieren Fahrten zur Bußinsel. Sie ist nicht das Vorrecht der Frommen oder älteren Menschen, auch nicht der armen Bevölkerung. Auch die begüterte Oberschicht oder die Mittelklasse, Geschäftsleute, Landwirte, Ordensleute, Studenten, Hausfrauen, Sportler, Angestellte – alle Bevölkerungsteile sind vertreten. Die Mehrheit stellen jedoch Frauen.

Um solche Menschenmassen zu versorgen, bedarf es neben dem Betreuungspersonal auch technischer Hilfsmittel. Die Insel hat eigene Motorboote, ihre eigene Waschanstalt, da das Bettzeug täglich gewechselt wird, ein eigenes Chlorgerät für die Aufbereitung des Wassers und ein Notstromaggregat. Da der Aufenthalt des Pilgers auf der Insel kurz ist, ist großes Gepäck unnötig. Mitzubringen sind ein guter, wetterfester Anorak und warme Kleidung. Decken sind nicht erlaubt.

Steht man an der Rückseite der Basilika, so lässt sich „Saint's Island", die Nachbarinsel, leicht überblicken. Hier befand sich das Zentrum des Klosters, das zur Zeit des hl. Patrick gegründet und seit 1130 nach den Ordensregeln des hl. Augustinus geführt wurde. Die Augustiner waren fünfzehn Jahre vor Ort, als der schon genannte Ritter Owen die Insel besuchte, der Mann, der „Lough Derg" überall in Europa bekannt machte. Die Höhle befand sich bekanntlich auf „Station Island". Einige Zeit später eröffnete man eine zweite Höhle, in der Pilger ihre Nachtwachen halten konnten. Doch wurde sie durch päpstliche Order 1497 geschlossen. Auch ein anderer örtlicher Heiliger kommt neben Davogs Name ins Gespräch: der des hl. Molaise von Devenish. Molaise starb um 563, er überlebte Dabeoc oder Davog um 47 Jahre. Es heißt, dass sein Kloster auf Devenish in der Nachbarschaft des Lough Erne die Regel des Davog annahm.

Wo Gott Vater ist,
ist auch dein Heil.
Wo Gott Sohn ist,
ist auch Erlösung.
Wo Gott Heiliger Geist ist,
ist die Weisheit,
das Böse vom Guten zu trennen
wie die Spreu vom Weizen.
Im Namen der Drei,
die mit dir sind,
gehe deinen Weg,
baue dein Haus und bestelle deine Felder.
Du wirst dein Glück machen.

Die Kombination von keltischer Überlieferung und christlich geprägter Nachahmung findet man häufig in Irland, eben ein Beweis dafür, dass bei der Missionierung des Landes bestehende schöne Bräuche und Zeichen der Gottesverehrung nicht einfach ausgemerzt, sondern sinnvoll in das neue christliche Leben integriert wurden. Die Natur in ihrer Schönheit ist ein wesentlicher Träger und Vermittler jener Ruhe, die zur Meditation einlädt und zur spirituellen Einkehr anhält.

Die Lough-Derg-Route verläuft an der Südküste des Sees, der das größte Binnengewässer in Donegal und ein geologisches Wunder ist, denn sein Wasser nimmt nicht die bequemere Route zu dem See in der Donegal Bucht etwa neun Meilen entfernt, sondern fließt stattdessen zunächst ostwärts längs dem Fluss Derg und dann nordwärts der Mourne entlang, bevor es schließlich den See via Foyle in Derry erreicht. Die flache Oberfläche zeigt, dass der See einst etwa sechs Meter höher war, vielleicht, weil das Tal Derg durch einen Gletscher am Ende der Eiszeit vor etwa 14 000 Jahren heruntergedrückt wurde.

Der Rundweg beginnt am Besucherzentrum in der Nähe der Pier, von wo Boote die Pilger nach „Station Island" bringen. Dort, im Centre, kann man Informationen über die Pilgerfahrt erhalten. Davor wurde im Jahre 2001 eine Statue des hl. Patrick errichtet, ein Werk des bekannten irischen Künstlers Ken Thompson. St. Patrick wird uns nicht in Gestalt eines Bischofs mit Mitra und Kreuz vorgestellt, sondern als jugendlicher und kraftvoller Fußwallfahrer, den Stock in der Hand – eine Ermutigung für die, die sich auf einen Fußweg von etwa dreieinhalb Stunden einstellen. Der Pilgerweg verläuft immer am Rande des südlichen „Lough Derg", meist am Saum eines Waldgebiets entlang, von dem sich erhabene Ausblicke auf den See und „Station Island" auftun, wo man jedoch auch eine üppige Vegetation mit seltenen Gewächsen wie nasse Heide, Sumpfmyrte, Purpurmoorgras sowie Bäumen und Büschen wie Erlen und Stechpalmen vorfindet. Auch geologisch genießt diese Region einen hohen Rang, doch widmen wir uns hier den Highlights des Pilgerweges: Nach etwa 1,5 Kilometer erreichen wir „St. Brigid's Chair", St. Brigids Stuhl, einen naturverwitterten Geröllblock, einen Meter lang, sechzig Zentimeter hoch, der wie ein „L" aussieht und von dem ein Teil vom Seewasser beleckt wird.

Das Leben St. Brigids wird von Legenden umrankt. Angeblich Tochter einer Sklavin, soll sie wie der hl. Patrick in die Sklaverei verkauft und von einem Druiden freigekauft worden sein. Sie bekehrte ihn zum Christentum. Einen Teil ihres jungen Lebens verbrachte sie nach der Überlieferung an den Hängen der Berge beim Viehhüten. Dann kehrte Brigid zu ihrem Vater zurück. Der Vater suchte einen Bräutigam für seine Tochter und erwog ihre Heirat mit dem König von Ulster. Der auserkorene Bräutigam erkannte jedoch, dass Brigid lieber in ein Kloster eintreten wollte, als ihn zu ehelichen. Er tat alles, um dem Wunsch seiner Braut Genüge zu tun – sie wurde Nonne und Äbtissin in Kildare.

Diese neue Gründung wuchs rasch und war Anfang des 8. Jahrhunderts teils Männer-, teils Frauenkloster für Mönche und Nonnen. Doch als die „geistliche Ehe" auf dem Konzil von Nizäa verworfen wurde, teilte Brigid die Kirche mittels eines Holzzauns in zwei Teile. Dass sie gegenüber Armen großzügig war und gleichsam ihr letztes Hemd verschenkte, ist bekannt. Dass sie einem wilden, von Jägern verfolgten Bären Asyl gewährt und bei sich aufnahm, gehört wie viele andere Überlieferungen in den Bereich der frommen Legenden.

Es gab in Faughart, Co. Louth, zwei reich dekorierte Heiligtümer. Eines gehörte Brigid, das andere Bischof Conlead, einem der ersten Äbte der Klostergründung. Beide Gedenkstätten waren mit Gold- und Silberkronen geschmückt und das Ziel vieler Pilger. Der heutige altarähnliche, aus dem Jahr 1933 stammende Schrein in Faughart steht auf einem frei zugänglichen Gelände und enthält Reliquien der Heiligen. Im Südwesten der Kirchenruine fließt der sogenannte St.-Brigids-Bach, der lange ein ausgedehnter Pilgerplatz war, wo Zipfel von Kleidungsstücken und andere Souvenirs in die umstehenden Bäume und Büsche gehängt wurden wie überall an so heiligen Plätzen. Die hl. Brigid starb am 1. Februar um das Jahr 525 und wurde nach Meinung einiger an Ort und Stelle beerdigt. Andere sagen, Teile ihrer Reliquien seien nach Downpatrick überführt worden.

Im alten Friedhof von Faughart befindet sich ein großer Stein am Hang eines Hügels, der das herkömmliche „King's Grave – Königsgrab – überdeckt. Dies soll der Ort sein, an dem der kopflose Körper von Edward Bruce, der in der Schlacht von Faughart Hill 1318 erschlagen wurde, beerdigt worden ist.

An St. Brigid von Kildare, die zu den National-Aposteln der „Grünen Insel" gehört, wird auch auf „Station Island" im Lough Derg gedacht, denn ein „bed" ist nach ihr benannt.

Die Statue eines Mannes mit Knotenstock und Pilgertasche steht am Ankerplatz der Schiffe, von wo die Pilger zur Insel übersetzen.

Der Pilgerweg führt weiter durch ein frisch aufgeforstetes Waldgebiet. Beim Kilometerstand 1,35 lenkt ein Wegweiser bergan zu „St. Daveoc's Cair", dem Stuhl des hl. Daveoc. Auf den ersten Blick ein zertrümmertes Steingebilde, dessen Herkunft wohl auch in der Eiszeit zu suchen ist. Der Stuhl besteht teilweise aus Naturstein, aber möglicherweise sind ihm ein oder zwei große Blöcke hinzugefügt worden, was auf einen Begräbnisplatz der Bronzezeit schließen lässt. Dem lokalen Eremiten Daveoc ist viel Ehre angetan worden, und so ist es nicht verwunderlich, dass sein Name mit einem hervorragenden Grenzstein in Verbindung steht, der sich im Stadtgebiet von Seedavoc – literarisch St. Daveocs Stuhl – befindet und der, bevor die Bäume gepflanzt wurden, einen schönen Ausblick über die Pilgerstraße sowie den See und die ihn umgebenden Berge im Hintergrund geboten haben muss. Aber international ist er bestens bekannt, weil er seinen Namen einem Typ von Heidekraut als „St. Dabeocs Heide", Daboecia Cantabria, geliehen hat.

Möge dein Herz
so leicht sein wie ein Lied.
Mögen deine Gedanken
so frisch sein wie irische Kleeblätter.
Möge jeder Tag dir strahlende,
glückliche Stunden bringen,
die das ganze Jahr bei dir bleiben.

Der Pilger des Mittelalters wird den „Stuhl" nicht auf unserer gegenwärtigen Route, sondern von der alten Pilgerstraße von Templecarne her auf halbem Wege nach Pettigo erreicht haben. Die heutige Route verbindet sich mit der alten bei Kilometer 1,75, wo sich ein Parkplatz zur Linken und ein Picknickplatz auf der rechten Seite befindet. Ein hölzerner Wegweiser führt den Pilger bald nach „St. Brigid's Well", St. Brigid's Quelle, die durch ein metallenes Kreuz markiert wird. Wie so oft bei Plätzen, die einen Quellkult kennzeichnen, hängen auch hier kleine Erinnerungsstücke der Personen, die diesen Ort aufgesucht haben, in den Zweigen oder an den Kreuzesbalken. Rosenkränze, Haarspangen, Taschentücher und andere Souvenirs sollen an die Anwesenheit der Pilger erinnern und signalisieren, dass sie sich mit diesem auserwählten Platz verbunden fühlen und irgendwann wiederkommen werden.
Beim Kilometerstand 3,7 trifft der Pilger auf eine kleine Bucht, wo Schilf den einstigen Sandstrand überwuchert hat. Von jetzt ab gibt es zwar keine markanten geschichtsreichen Ziele mehr am Pilgerrundweg, wohl aber ausgesuchte landschaftlich schöne Ausblicke und Markierungspunkte. Dazu gehören preiselbeerfarbene Moospartien, die man möglichst nicht betreten sollte. Am Ende des Sees, „Saint's Island" gegenüber, liegen die Steine, die einmal das Fundament der hölzernen Brücke gebildet haben, über die die Pilger des Mittelalters die Insel betraten. Es handelte sich wahrscheinlich um keine einfache Konstruktion, denn der Einschnitt zwischen Festland und Insel ist tief genug, um heute größere Boote passieren zu lassen. Heute ist die Insel größtenteils von Gras bedeckt und trägt wenig spärliches Gebüsch – und einen bemerkenswerten windzerzausten Baum auf

einer sanften Hügelspitze. Wir müssen uns vergegenwärtigen, dass hier im Mittelalter ein Kloster stand, das ermüdete Pilger aufnahm und ihnen Speise und Unterkunft bot, während sie sich spirituell und geistig auf die letzte Etappe ihrer Pilgerfahrt, die Bootsfahrt nach „Station Island", vorbereiteten.
Der weitere Verlauf des Pilgerrundweges bietet noch mache Abwechselung, wenn man die Beobachtung der kleinen Dinge liebt und nicht auf Sensationen aus ist. Es ist eine stille, besinnliche Route, die den Botaniker und Beter erfreut, denn beide finden, was sie suchen: Gelegenheit, die Natur mit ihren kleinen Überraschungen zu erleben und Zeit zu meditieren und zur Zwiesprache mit Gott – ganz im Sinne keltischer Meditationsübungen. Zwölf Kilometer lang ist der Weg, der die Vergangenheit an die Gegenwart knüpft und dessen verbindendes Element die zeitlose Pilgerschaft ist.

Möge kein Wort über deine Lippen kommen,
das dich am Abend gereut,
wenn du es aber gesprochen hast,
soll es sich im verzeihenden Lächeln vergolden.

Die Verbindung von Mullagh nach Würzburg besteht noch immer

Der hl. Kilian trat von hier aus seine einmalige Pilgerfahrt nach Franken an

Was trieb den hl. Kilian dazu, sein stilles, schönes Land zu verlassen, sich aus der „grünen Wüste" mit ihren Schätzen an spiritueller Entfaltung und Gottnähe der Ungewissheit einer langen Reise auszusetzen? War es das Fernweh, das ihn wie viele seiner Landsleute beflügelte? Die Sehnsucht, Gottes Schöpfung an Orten zu erleben, die er noch nicht kannte? Begeisterte ihn die Kraft des Evangeliums so sehr, dass er andere Menschen daran Anteil geben wollte? Gestärkt, überzeugt, begeistert trat St. Kilian einen weiten Pilgerweg ins Ungewisse an.
Irland war bereits ein vom Mönchtum geprägtes Land, als Kilian sich entschloss, auf den europäischen Kontinent zu gehen, um dort das Evangelium zu predigen. Es gab unter den Mönchen drei Richtungen: die Eremiten, die wie ihre großen Vorbilder in der ägyptischen Wüste die Einsamkeit des weiten, grünen Landes suchten und hier ein entsagungsreiches Leben führen, die Mönche, die in der Gemeinschaft der Mitbrüder in Klöstern mit bis zu 3 000 Mann lebten, und die Missionare, die die Frohe Botschaft in die Welt hinaustrugen. Kilian entschloss sich, der dritten Kategorie anzugehören.
Er wurde um 640 nach Christus in Mullagh in der Grafschaft Cavan geboren, ungefähr

zweihundert Jahre, nachdem der hl. Patrick seine Missionsreisen in Irland unternommen hatte. In jener Zeit gab es große Klöster auf der „Grünen Insel". Clonmacnoise genoss einen außergewöhnlichen Ruf als Stätte des Glaubens und der Gelehrsamkeit. Durrow, Derry, Clonard, Glendalough und zahlreiche andere Klöster überboten sich in dem Bemühen, viele junge Männer auszubilden und sie als Missionare in die Welt hinauszuschicken.
Heute erinnert eine nach Kilian benannte Quelle und ein Informationszentrum, das sein Andenken pflegt, an den Ort seiner Herkunft. Bevor er sich auf den Kontinent begab, zog er, mit einem groben grauen Kittel bekleidet und das Evangelienbuch in der Hand, nach Süden, nach Tuosist in die Nähe von Kenmare in der Grafschaft Kerry. Von Kerry aus hatte der hl. Brendan seine abenteuerliche Reise über das unbekannte Meer angetreten, eine Peregrinatio ins Ungewisse. Vielleicht hatte St. Kilian den Reisebericht seines Vorgängers Brendan gelesen und er wusste auch, dass Europa nicht so weit entfernt lag, denn viele Missionare vor ihm hatten die Schiffsfahrt über das Meer nach Gallien angetreten. So segelte er im Jahre 686 mit elf Gefährten vom Hafen Kilmackilloge zum Kontinent. Der Rhein war ein guter Wegweiser und ebenso der Main, an dessen Ufer die kleine Mannschaft stromaufwärts zog, Franken entgegen. Die Legende erzählt, er habe auf einem Berg ein Kreuz errichtet – auf dem heutigen Kreuzberg oberhalb von Würzburg.

Franken war damals zum größten Teil noch heidnisch. Vor Kilian und seinen engsten Gefährten Kolonat und Totnan lag ein großes Missionsfeld. Die Legende berichtet, dass Kilian vor seiner Frankenreise zunächst die Predigterlaubnis des Papstes eingeholt habe, doch wenn man die innere Distanz der irischen Missionare zu Rom kennt, darf man den Wahrheitsgehalt dieser Überlieferung in Frage stellen.
Die Nachricht von der Anwesenheit fremder Missionare erreichte auch den Landesherrn, Herzog Gozbert. Er ließ die drei Iren zu sich kommen und befragte sie nach ihrer Herkunft und Religion. Er zeigte sich dem Christentum gegenüber sehr aufgeschlossen, ließ sich ausführlich berichten und unterweisen, und seine Gefolgsleute taten es ihm nach. Schließlich nahmen er und viele Vornehme seines Landes die Taufe. Die Missionierung Frankens schien zu einem guten Ende zu kommen, da sprach St. Kilian ein heikles Thema an: Gozbert war nämlich mit der Frau seines verstorbenen Bruders verheiratet, was an sich kein Hindernis und nach jüdischem, mosaischem Recht sogar erwünscht war. Denn so blieb die Witwe nicht allein und genoss weiterhin den Schutz der Großfamilie. Die Iren aber hatten es sich merkwürdigerweise in den Kopf gesetzt, dass eine solche Verbindung unstatthaft und eine schwere Sünde sei. So redete Kilian dem Herrscher nun ins Gewissen, Gott zuliebe die Ehe mit seiner Gattin aufzugeben.
Doch Bischof Kilian hat die Rechnung ohne Geilana gemacht. Die Gemahlin Gozberts sann auf Rache, und die bot sich ihr, als dem Herrscher wieder einmal ein kriegerischer Konflikt ins Haus stand. Kilian ahnte, was ihn und seine Gefährten erwartete. Es soll ihm nach der Legende nämlich in einem Traumgesicht der bevorstehende Tod angekündigt worden sein. So bereitete er sich mit seinen Gefährten auf das baldige Ende vor, den sie als Heimgang zu Gott priesen. Geilana hatte zwei finstere Gestalten gedungen, die Iren zu ermorden. Eines Morgens, es war das Jahr 689, weilten Kilian und seine Genossen in der Halle des Schlosses, die zum Betsaal umgerüstet war, und feierten Gottesdienst. Da schlichen die Mörder heran, überfielen die Beter und töteten sie mit dem Schwert. Um keine Zeit zu verlieren, begruben sie die Opfer auf der Stelle und mit ihnen Bücher, Kreuze, Kelche und das Reliqienkästchen, das sie überallhin mit sich führten. Doch eine fromme Witwe namens Burgunda, die von Kilian getauft worden war, befand sich zum Zeitpunkt des Mordes in einem Nebengemach und war Zeugin der Bluttat geworden. Es gelang ihr noch, mit einem Tüchlein ein paar Blutstropfen der Märtyrer aufzufangen, doch aus Furcht vor der Herzogin schwieg sie über die ruchlose Tat.
Als Gozbert aus dem Krieg zurückkehrte, schickte er vergeblich nach den drei Missionaren.

Vor der Pfarrkirche in Mullagh, in der heute eine Reliquie des hl. Kilian aufbewahrt wird, steht die Statue des Heiligen. Er ist als Missionar in Aufbruchstimmung abgebildet, bereit, das Abenteuer der Evangelisierung Frankens zu wagen.

Man machte ihn glauben, Kilian, Kolonat und Totnan hätten das Land ohne Nachricht verlassen. Der Betsaal war inzwischen zum Pferdestall umgerüstet worden. Doch die hinterhältige Herzogin entging ihrer Strafe nicht; sie starb in Raserei. Auch die Mörder sollen einen qualvollen Tod erlitten haben.

Nach der Legende ließ Bischof Burkhard einem Gerücht folgend wenige Jahre später, 752, den einstigen Betraum umgraben. Dabei stieß man auf die Gebeine der drei irischen Missionare. Der Bischof barg ihre sterbliche Hülle und ließ sie auf dem Marienberg feierlich bestatten. Von Gozberts Geschlecht lebte zu dieser Stunde niemand mehr ... Doch schon bald setzte ein Pilgerstrom ein, der aus allen Teilen Europas dem Grab der Frankenapostel zustrebte. Unter den Wallfahrern waren auch viele Iren. Die sogenannten Würzburger Glossen, Aufzeichnungen in Irisch, die von Studenten in der Mitte des 8. Jahrhunderts zu den Paulusbriefen verfasst worden sind und sich heute in der Würzburger Universitätsbibliothek befinden, dienen als Beweis für die schon damals gepflegte Verbindung zwischen beiden Ländern. Johann Caspar Zeuss schrieb eine „Grammatica Celtica" und berief sich teilweise auf diese Überlieferungen. Das 1853 veröffentlichte Buch gilt noch heute als Standardwerk für Studierende der gälischen Sprache.

Gott, gebe mir ein aufgeschlossenes Herz,
behalte mich stündlich im Auge.
Lass meine Familie ein Segen für mich sein
und ich ein Segen für meine Lieben.

Die Zahl der Pilger nahm mit den Jahren immer mehr zu, sodass 1139 in Würzburg das sogenannte Schottenkloster des hl. Jakob gebaut werden musste, eine irische Niederlassung, deren Mönche sich der Pilger von der „Grünen Insel" annahmen. Sie versah dreieinhalb Jahrhunderte lang ihren Dienst. Für eine Weile bestand auch ein Tochterkloster in Rosscarbery im Westen der irischen Grafschaft Cork. Sowohl in Deutschland als auch in Irland ist St. Kilian immer ein Heiliger des Volkes geblieben. Die Würzburger machten ihn zu ihrem Schutzheiligen und ehren ihn und seine Gefährten jährlich an seinem Festtag am 8. Juli, indem sie die Reliquien der irischen Märtyrer in feierlicher Prozession durch die Straßen der Stadt tragen. Der Kilianskult breitete sich in Deutschland schon bald aus. Im Bistum Paderborn zum Beispiel, das auf eine Gründung des Bistums Würzburg zurückgeht, tragen mehrere historische Kirchen den Namen des Heiligen, und auch der mächtige Dom war ursprünglich allein seinem Schutz anvertraut.

Die Bauernregel preist den hl. Kilian als „rechten Rübenmann" und dichtet:

„An St. Kilian
säe Wicken und Rüben an.
Kilian, der heil'ge Mann,
stellt die ersten Schnitter an.
Ist' s zu Kilian schön,
werden viele gute Tage vergehn."

Vor der heutigen Pfarrkirche in Kilians Geburtsort Mullagh steht die Kalkstein-Statue des Heiligen. Er befindet sich in Aufbruchstimmung, gekleidet wie ein Wandermönch mit langem Umhang und Kapuze, das Haar nach Art der keltischen Tonsur rasiert, die obligatorische Büchertasche unter dem Arm. Mullagh ehrt seinen großen Sohn an seinem Namenstag mit Gebeten an der nach ihm benannten Quelle in der Gemarkung Cloughballybeg. Auch in Kilmacilloge in der Grafschaft Kerry und Rosscarbery, Co. Cork, hielt man das Andenken an Kilian wach. Kirchen und Schulen in ganz Irland tragen seinen Namen. Der Missionar hat seine Heimat zu Lebzeiten nicht wiedergesehen. Doch im Jahr 1991 brachte eine Würzburger Abordnung eine Reliquien des Heiligen zurück nach Mullagh – zwölf Jahrhunderte nach dem abenteuerlichen Aufbruch in eine unbekannte Welt. Áras Chillian, das St.-Kilians-Zentrum in Mullagh, das aus der Zusammenarbeit der Gemeinde mit dem Bistum Würzburg entstanden ist, informiert umfassend über das Leben und den Einfluss des Frankenapostels anhand von Exponaten, Bildern, Devotionalien. Natürlich kann man auch die entsprechende Literatur und Postkarten mit Würzburger Stadt-

Die frühere Klosteranlage von Ardfert ist mit dem Leben des hl. Brendan verknüpft. Hier mag der Plan zu seiner wagemutigen Atlantiküberquerung entstanden sein.

motiven bekommen. Ein Videofilm zeichnet die Stationen seines Lebens nach und versetzt den Zuschauer in die Zeit missionarischen Eifers, als irische Mönche einzig von dem Wunsch beseelt waren, die Frohe Botschaft bis an die Grenzen der damals bekannten Welt zu tragen – eine Peregrinatio um Christi Willen.

Wenn du auf die See blickst,
auf das tosende Meer,
wenn du die Gipfel betrachtest
oder die grünen Hügel vor deinem Haus –
überall erkennst du die Schöpferhand dessen,
der sie gemacht hat.

St. Brendan entdeckte 1000 Jahre vor Kolumbus Amerika

Der Eifer für die Sache Gottes trieb ihn zu einer abenteuerlichen Pilgerschaft

Im Mittelalter ist die „Navigatio Sancti Brendani" oftmals Thema von Abbildungen in Büchern und Kirchenfenstern gewesen.

Eine Peregrinatio ganz besonderer Art unternahm der hl. Brendan, eine der abenteuerlichsten Gestalten unter den Mönchen der frühirischen Kirche. Man nannte ihn auch „den Seefahrer", weil er das Wagnis unternommen hatte, die beschwerliche Reise über den Atlantischen Ozean nach Amerika anzutreten. Tausend Jahre vor Kolumbus war dieser Kontinent natürlich noch unbekannt. Doch Brendan wusste, dass die Erde keine Scheibe sein konnte – die Sonne lieferte ihm jeden Tag den Beweis dafür: Sie ging im Osten auf, verschwand im Westen und kam doch am nächsten Morgen am Ostrand des Horizonts wieder zum Vorschein.

Der junge Brendan wuchs an der Küste von Kerry im Südwesten Irlands auf, war geschickt im Umgang mit den einfachen Booten, mit den Bräuchen der Seefahrt. Doch weit aufs Meer hinaus getrauten sich die Fischer und Schiffer damals nicht. Brendan genoss zunächst eine klösterliche Erziehung. St. Jarlath von Tuam, St. Finian von Clonard und schließlich der berühmte Bischof Erc, der aus dem Stand der keltischen Opferpriester, der Druiden, hervorgegangen war, waren seine Lehrmeister. Wahrscheinlich war Erc es, der den jungen Studenten für die Schönheiten der Welt, für die Schöpfung Gottes begeisterte und in ihm das Fernweh nach unbekannten Horizonten weckte. Hinzu kam der Eifer, Gott, den Schöpfer dieses einzigartigen Universums überall bekannt zu machen. Die Druiden verstanden es als große Naturbeobachter, aus der Konstellation der Sterne, aus den Gesetzen der Natur wichtige Ereignisse für das Volk zu entschlüsseln. So mag Brendan von Erc womöglich die für seine späteren Seereisen so notwendigen astronomischen und astronautischen Kenntnisse erworben haben.

Brendan lebte zunächst im Kloster Ardfert im Westen Irlands. Dort entstand sein Plan, mit einer Anzahl Mitbrüder nach Westen über das Meer zu segeln, um das Evangelium auf die andere Seite der Erde zu bringen, wohin sich abends die Sonne auf den Weg machte. Dort vermutete er auch das verheißene Land der Seligen – das Paradies.

Mit zwölf Gefährten machte sich Brendan im Frühjahr 551 auf die Reise zu einem ungewissen Ziel. Sein Boot bestand aus hölzernen Rahmen und Rippen, über die Ochsenhäute gespannt waren, die man zuvor in einer Lohe aus Eichenrinde gegerbt und dann eingefettet hatte. An Bord befanden sich Vorräte für 40 Tage und sonstiges Zubehör.

Was St. Brendan und seine Leute während der Fahrt erlebten, liest sich wie ein märchenhafter Abenteuerroman. Er hat seine Aufzeichnungen unter dem Titel „Navigatio Sancti Brendani" – die Segelfahrt des hl. Brendan – aufgeschrieben, die bald ein Beststeller und immer wieder veröffentlicht und ausgeschmückt wurden. Brendan ist wahrscheinlich von dem kleinen Hafen Fenit auf der Dingle-Halbinsel gestartet. Seine Reise führte über Schottland, die Hebriden, die Orkneys, Shetlands, die Faroers zuerst nach Island, schließlich nach Grönland und dann nach Neufundland. Sie dauerte mit Unterbrechungen sieben Jahre und war voll spannender Abenteuer. In den Reiseschilderungen des Heiligen ist von einer „Insel der Schafe" – möglicherweise die Faroers – die Rede, wir lesen von einem „Paradies der Vögel" – worunter man sich die schwarzen Basaltfelsen Myggenäs vorstellen kann –, wir hören von Feuer

speienden Bergen – wahrscheinlich der Vulkan Hekla – und von der Asche sprühenden „Insel der Schmiede“, mit der Island gemeint sein könnte. Die wagemutigen Seefahrer sahen einen schwimmenden Berg, „silberfarben, härter als Marmor, aus reinstem Kristall“ und schilderten so die Begegnung mit einem Eisberg, und kamen zu rauen Klippen, wo große Tiere mit katzenähnlichen Köpfen, struppigem Fell, Eberzähnen und schweren, gefleckten Bäuchen St. Brendan und seine Gefährten anbellten. Man kann sich darunter ohne viel Phantasie das Zusammentreffen mit Robben und Seehunden vorstellen. Die Mönche reisten sogar, ohne es zu wissen, zeitweise auf dem Rücken eines Wales. Erst als sie einen Altar errichtet und Gottesdienst gefeiert hatten und schließlich ein Feuer für die Zubereitung der Mahlzeit entzünden wollten, wurde es dem Wal zu bunt. Er schüttelte sich und zwang die Mannschaft in das Boot. Dem gewaltigen Fisch gaben die Seefahrer den Namen „Jasconius“. Er blieb auf der Reise ihr treuer Begleiter.

St. Brendan hat vermutlich mehrere Entdeckungsfahrten unternommen, die Reise nach Westen war die längste. Er starb 93-jährig als Abt von Clonfert im Jahre 577. In seinem Kloster lebten zeitweise bis zu 3 000 Mönche. Hat der heilige Brendan sein Ziel erreicht? Er beschreibt ein Land, „duftend, blütenreich, gesegnet, ein Land der Klänge, der Melodien, vor Freude jauchzend, ohne Kummer ...“ Portugiesische Seeleute forschten nach diesem Land noch im 17. Jahrhundert.

Ob es das Paradies war, von dem Brendan immer geträumt hatte ...?

Der Abenteurer und Forscher Tim Severin hat 1976/77 die Reise des hl. Brendan nachvollzogen. Er baute nach überlieferten Plänen ein elf Meter langes Segelboot und stattete es so aus, wie es in der Navigatio beschrieben ist. Mit seiner Forschungsreise bewies Severin, dass irische Mönche durchaus in der Lage waren, in seetüchtigen Booten den Atlantik zu befahren. Sie suchten „das Abenteuer um Christi willen“, beseelt von dem Wunsch, Gottes schöne Welt zu entdecken und den Menschen unbekannter Länder die Frohe Botschaft zu verkünden.

Die Liebe deines Schöpfers sei mit dir und begleite dich.
Möge der Weg zu deinem Haus auch bei Dunkelheit begehbar sein.
Mögest du nie mit dem linken Schuh dein Haus verlassen.
Möge dich dein Schutzengel auf allen Wegen begleiten
und dir dort, wo er dir nicht folgen kann,
einen deftigen Knotenstock in die Hand geben.

Tim Severin hat sein Boot nach dem Schiffsplan St. Brendans gebaut. Es befindet sich heute im Freilichtmuseum Craggaunowen.

Eine Erinnerungstafel an der ehemaligen Abtei Ardfert hält das Andenken an den hl. Brendan wach.

Das Leben und Leiden Christi gewinnt beim Rundgang Gestalt

Im Umfeld der Abtei Ballintubber pilgerfahrten Menschen auf engstem Raum

Doch man muss nicht immer so weit reisen wie St. Kilian und St. Brendan, um im Unterwegssein ein Stück Pilgerschaft zu sehen. Pilgerwege lassen sich auch auf ein Mindestmaß reduzieren, auf Labyrinth-Größe zum Beispiel oder gar auf die Größe eines Mühlespiels. Je nachdem, wohin man seine Schritte lenkt oder den Stein rückt, kann der Zug Abbild eines Weges sein, der zum Ziel führen soll. Labyrinthe sind ja keine Irrgärten, sondern haben das Zentrum im Blick, die Mitte, aus der alles Leben kommt, aus der man seine Kräfte gewinnt, um mit dem Rückweg nach außen neuen Lebensmut mitzunehmen.

Da gibt es in dem sagenhaften Land Mayo die einstige Abtei Ballintubber. 1216 gegründet, hat sie eine wechselvolle Geschichte erlebt, war sogar einmal aufgelöst und neu besiedelt worden, doch als Cromwell'sche Soldaten 1653 in seinen Mauern wüteten, blieb von der Klosterkirche nur das ausgebrannte Skelett stehen. Der Auflösungsbefehl für das Kloster war schon 1542 unter Heinrich VIII. ergangen, doch Anordnungen brauchten einstmals ihre Zeit, bis sie ausgeführt werden konnten, und damals gehörte Mayo noch nicht den Engländern. 250 Jahre feierten die Menschen ihre Gottesdienste bei offenem Dach, trotz Regen, Wind und Schnee. 1846 startete man den Versuch eines Wiederaufbaus, doch die große Hungersnot von 1846/48 machte den Plan zunichte. Damals starben annähernd 3 000 Menschen von 7 000 aus der Gemeinde. Doch ab 1889 konnte die Abtei teilweise wiedererstehen. 1966 wurde der Wiederaufbau abgeschlossen.

An diesem alten Augustinerkloster beginnt der berühmte Tóchar Phádraig, eine alte Pilgerstraße, die zum Croagh Patrick, Irlands heiligem Berg, führt. Zeitweise war sie die Hauptverbindung zwischen Cruachan, dem Sitz der Könige von Connaught, und dem Gebiet von Umhall, in dem sich der Berg des hl. Patricks befindet. Viele Iren haben im Laufe der Jahrhunderte diesen teilweise mit Steinplatten gepflasterten Pilgerweg benutzt, unterwegs in einer Pilgerherberge übernachtet und sich an einer Wasserstelle – Danchora oder Dabhach Chora genannt, was so viel wie „das Bad der Gerechten" bedeutet – nach ihrer beschwerlichen Reise den Schweiß aus dem Gesicht gewaschen. Das Wasser wurde durch heiße Steine erwärmt. Manche Menschen erinnern sich an eine Höhle im Kalkstein, die sich vor 360 Millionen Jahren auf dem Grund eines flachen Sees gebildet hatte, lange vor dem „Sündenfall" der Stammeltern Adam und Eva, und in der man eine Nachbildung der Geburtsgrotte von Bethlehem erkannte. Mit liebevollen Worten erzählten die Alten, dass das Rotkehlchen damals dem Herdfeuer zu nahe gekommen sei und sich sein Brustgefieder angesengt habe. Seitdem trage es einen roten Latz.

Nach langem Klosterleben zerstört und in mühevollem Prozess wiederaufgebaut: Ballintubber.

Mögest du auf deinen Wegen
viele Schutzgeister um dich haben.
Mögest du unterwegs
die Fußstapfen des Schutzengels
an deiner Seite spüren.

Neben der alten Pilgerstraße zwischen Ballintubber und Croagh Patrick gibt es zwei weitere Pilgerfahrtswege, die in unmittelbarer Nähe des wiedererrichteten Abteigebäudes, also auf kleinstem Raum, begangen werden können. Der eine ist der Tóchar Chríost oder „Der Kreuzweg", der andere der Tóchar Mhuíre oder „Der Pfad des Rosenkranzes". Auf dem Kreuzweg kann der Beter die letzte Pilgerreise Christi vom Palast des Pilatus bis hin nach Golgatha „im Licht der Erfahrung der christlichen Gemeinschaft in Ballintubber" – wie es in einem Klosterführer heißt – mitverfolgen. „Der Pfad des Rosenkranzes" zeichnet Marias Pilgerreise durch das Leben nach, „wie sie in der irischen und keltischen Spiritualität empfunden wird".

Die lokalen Pilgerwege beginnen an der Stelle, von der auch der Tóc Har Phádraig oder „Patricks Damm" abgeht und von wo sich ein herrlicher Blick über Mauern, Hecken und Wiesen in die Ferne auftut. Kein Zweifel, dass es ein meditativer Ort ist, an dem die Sehnsucht nach der Ferne Flügel bekommt. Zunächst führt der Pilgerpfad zum Dairteach Phádraig, zur Kapelle des hl. Patrick. Es handelt sich um die Nachbildung des ältesten in Irland gebauten Kirchentyps. Er bestand gewöhnlich aus Holz, aus Eiche (dair). In den Mythologien ist die Eiche ein heiliger Baum. An Orten wie diesem dachten die Menschen über das Wort Gottes nach, oder sie meditierten über die Natur, was in Irland nicht schwerfällt. Oft wurde auch die hl. Messe gefeiert. Das Design der Kapelle ist den später gebauten Steinkirchen entlehnt. So verweist das Lebenssymbol der keltischen Spiralen an den Türen auf den Rhythmus von Inkarnation (Einatmen) und Exkarnation (Ausatmen). Diese wiederbelebte Tradition führt heute viele Menschen nach Ballintubber.

Das „Haus der Elisabeth" erinnert an die Begegnung der Jungfrau Maria mit ihrer Cousine und ihrem Schwager Zacharias, die die Eltern von Johannes dem Täufer wurden. Als Elisabeth den Gruß Marias hörte, hüpfte das Kind in ihrem Leibe, wie Lukas 1 berichtet. Das Haus ist jedoch eher irisch als israelisch. Torffeuer, Schrank und das in die Wand eingelassene Bett (hag) für die älteren Menschen in der Familie entstammen keltisch-irischer Tradition. Die warme Atmosphäre, die hier vorherrscht, wird jedoch auch Bestandteil der Gastfreundschaft zur Zeit der Heiligen Familie gewesen sein. Muintearas heißt der irische Ausdruck für diese Gastlichkeit, die in vielen irischen Segenswünschen zum Ausdruck kommt und jedem, vor allem fremden Menschen, gilt.

Der Pilgerweg führt nun am „Baum des Sean 'a Sagart" vorbei. Er erinnert an eine dunkle Phase irischer Geschichte, als englische Okkupanten die Katholiken verfolgten und die Priester zu Freiwild erklärten. Sean 'a Sagart war ein Priesterjäger, das heißt, er verriet Geistliche für den Judaslohn von fünf Pfund, die er in Alkohol umsetzte, an die Feinde. 1726 wurde er ermordet. In der Nacht nach seiner Beisetzung gruben die Dorfbewohner den Leichnam aus und warfen ihn in den Schwarzen See. Doch der Pfarrer, den Sagart ans Messer liefern wollte, befahl den Leuten, den Toten wieder ordnungsgemäß zu bestatten.

Das taten die Dorfbewohner schließlich widerwillig, jedoch versagten sie ihm ein christliches Begräbnis, indem sie ihn nicht mit dem Gesicht nach Osten beerdigten, sondern nach heidnischer Tradition mit dem Gesicht nach Norden. Ein hoher Baum markiert heute auf dem Friedhof sein Grab.
Der Doppelsinn der Krippe wird dem Wallfahrer an der nächsten „Statio" seines Rundgangs bewusst. Man sagt, der Baum, dessen Wurzeln ein Dach über der Krippe bilden, habe wahrscheinlich schon zur Zeit Christi Geburt in Betlehem zu wachsen begonnen. Zeitgleich als St. Patrick in Irland auf dem Berg Slemish als Sklave die Herden hüten musste, soll die hl. Helena den Ort der Geburt Jesu in Betlehem mit einer Kirche gekrönt haben. 1224, wenige Jahre nach dem Entstehen von Ballintubber, baute der hl. Franziskus in Greccio seine erste Krippe. Doch was nutzt die Botschaft dieser Krippe, wenn sie ein Gebilde aus Holz oder Stein bleibt, und Jesus nicht in unseren Herzen geboren würde – wie der Mystiker Meister Eckhart es beschrieb.
Im wiedererrichteten Abteigebäude lenken die Fenster des französischen Künstlers de Loire aus Chartres die Blicke der Pilger auf sich. Die deutsch-irische Bildhauerin Imogen Stuart schuf die Stationen des Kreuzweges. Im Hintergrund des Altarraumes wird der kosmische Kampf zwischen Licht und Dunkelheit, zwischen Gut und Böse anhand keltischer Darstellungen ins Bild gerückt. Wer den Westeingang benutzt, mag sich vergegenwärtigen, dass dieser Teil des Klosters von Cromwells Brandschatzern fast völlig zerstört worden war und erst 1966 teilweise wieder aufgebaut wurde. Bei der Gelegenheit kam mit dem Eingang auch das dazugehörige Fenster von Hollymount, wo beide Bestandteil einer anderen Kirche geworden waren, an den Ursprungsort zurück. Zwei aufeinanderfolgende Kreuzgänge aus dem 15. Jahrhundert sind rechterhand in Resten vorhanden. In den

Heute präsentiert sich die frühere Abtei Ballintubber wieder als ein geschätzter Ort des Gebetes und der Meditation.

Kapitelsaal führt ein schöner gotischer Eingang aus dem 13. Jahrhundert. Oben breitet sich der Schlafsaal aus. Im östlichen und südlichen Bezirk der Abtei sind Küche, Refektorium und Aufenthaltsraum untergebracht. Steinmetzzeichen und Ornamente in den Arkadensteinen des Kreuzgangs verraten die Handschrift der Künstler.

Möge Gott dich schützen,
möge seine große Liebe
in deinem Haus
und in den Herzen aller bleiben,
die darin wohnen.

Zwei beachtenswerte Steine stehen, Menhiren gleich, in Marias Garten. Die Natur hat ihnen in einer Zeitspanne von 10 000 Jahren, als die letzte Eiszeit herrschte, ihr Siegel aufgedrückt. Die Anlage hat die Umrisse Irlands. Was in diesem Steingarten gepflanzt wurde, ist nicht willkürlich ausgewählt. Bäume und Blumen sind in den vorchristlichen Mythologien immer von besonderer Bedeutung gewesen. So hat man sie in christlicher Zeit durch neue Symbole, anknüpfend an die Leidensgeschichte oder das Leben Marias, auch einer neuen Interpretation gewürdigt.
Gleich nebenan tut sich ein anderer Garten auf, der Blumen aus verschiedenen Grafschaften Irlands beheimatet. Sie haben alle eine Verbindung zur Gottesmutter. Das Vergissmeinnicht versinnbildlicht Marias Augen, die Fuchsie ist gleichbedeutend mit ihren Ohrringen. Die Schlüsselblume steht für Marias Rüschen, Ginster und Lavendel für die Flucht nach Ägypten. Die Ackerwinde verkörpert den Kittel Unserer Lieben Frau, Steinbrech steht für ihre Handarbeit, Geißblatt für ihre Finger und Fingerhut für den Handschuh Unserer Lieben Frau. In der Margerite leuchtet Marias Stern, das Immergrün ist die Blume der Gottesmutter, die Himmelsschlüsselchen schließen Maria das Tor zum Himmel

An Szenen aus dem Leben Jesu und Mariens erinnern den Beter Steinformationen, Pflanzen und Quellen bei seinem Rundgang um Ballintubber.

auf. Natürlich endet die Pflanzenvielfalt nicht mit dieser Aufzählung. Sie soll auch in anderen Teilen der Welt geläufig sein.

Die Pilgerfahrt auf dem Areal der Abtei führt zu einem Punkt, an dem der Lough Carra vor Zeiten bis an die Mauern der Abtei heranreichte und Besucher per Boot anreisten. Als man 1966 den Boden aushub, legten die Archäologen eine Anlegestelle frei. An anderer Stelle soll noch ein Ruderboot, ein Dugout-Kanu, in der Erde liegen, das die Moorschicht konserviert hat. Vielleicht ist es bereits zwei oder drei Jahrtausende alt? Auf diesem Stück des Pilgerfahrtsweges, das dem Kreuzweg nachgebildet ist, begegnet in den Figuren Christus den weinenden Frauen von Jerusalem. Die Szene gewinnt lokale geschichtliche Bezüge: Ein Mann versuchte das Elend der Bevölkerung zu lindern. Während der großen Hungersnot ließ der Gutsherr Moore 1846 sein Rennpferd Corunna am Kampf um den Chester Cup in England teilnehmen. Das Pferd gewann, obgleich es den Weg bis Dublin hatte gehen müssen. Das gewonnene Geld stiftete der Gutsherr, um die Not der hungernden Pächter zu lindern.

Das Haus von Elisabeth und Zacharias, den Eltern Johannes' des Täufers, mutet eher irisch als palästinensisch an.

Steine haben oft eine besondere Faszination und Anziehungskraft. Die Steinmonumente von Ballintubber wollen das Transzendente im Leben symbolisieren. Eine Legende berichtet vom Gegenteil: Einst versetzte die Göttin Ailil die Bewohner von Tara, dem späteren Sitz der Hochkönige, in einen tiefen Schlaf. Sie hatte Böses im Sinn. Das Feuer aus ihrem Mund, so berichtet die keltische Mythologie, nahm beim Ausatmen die Form von Gesteinsbrocken an und zerstörte das Schloss. Doch „menhire" – lange Steine – und Felsformationen sind oft Symbole des Göttlichen und Heiligen: Christus wurde nach mancher Schilderung in einem Schafstall von der Form einer Felsgrotte geboren, auf dem Felsenhügel Golgatha gekreuzigt, in einem Felsengrab zur Ruhe gebettet, und er berief Petrus zum „Fels", auf dem er seine Kirche baute.

Zwei Hügel sind ausersehen, an die Leidensgeschichte Jesu Christi zu erinnern. Der Pilger wird in Ballintubber mit Pflanzen vertraut gemacht, die mit der Passion in Verbindung stehen. Die Passionsblume ist das typische Beispiel dafür. Die zehn äußeren Blüten des Blütenkelches stehen für die Zehn Gebote, die Dornenkrone findet in der purpurfarbenen Blume ihre symbolische Entsprechung, die fünf Staubgefäße erinnern an die fünf Wunden, die drei Blütenstempel an die drei Nägel, die Jesu Füße Hände und Füße durchbohrten. Die Fuchsie nimmt die Bedeutung der Tränen Gottes ein, die rote Rose drückt Marias Sorge um ihren Sohn aus. Die Stechpalme versinnbildlicht das kostbare vergossene Blut, die Akazie die Dornenkrone, und die Trauerweide die Schmerzen der Geißelung. Der Hartriegel hat seine eigene Geschichte. Er soll einmal ein knorriger Baum aus hartem Holz gewesen sein. Als er vernahm, dass er zum Kreuzesbaum ausgewählt worden war, an dem Christus hängen sollte, geriet er in große Gewissensnot. Jesus erkannte, was in dem Baum vorging, und er bestimmte, dass sich der Hartriegel in Zukunft in einen Busch mit Blüten in Kreuzesform verwandeln sollte. Im Herbst tragen seine zarten Triebe ein dunkles Rot zum Zeichen an das kostbare Blut des Gottessohnes.

In Irland zählt man an die dreitausend „Holy Wells" – heilige Quellen. Viele standen mit keltischen Traditionen in Verbindung, waren Orte der Gottesverehrung. Den Platz, an dem einst den Göttern und Göttinnen der Kelten geopfert wurde, nahm nun die christliche Symbolik ein. Man zerstörte die Kultstätten nicht wie auf dem Kontinent, sondern gab ihnen einen neuen Sinn. Das Wasser war wie die Natur überhaupt ein heiliges Element. Es wurde entweiht, wenn Vieh daraus trank, wenn man Wasser für den Haushalt entnahm oder wenn eine Frau ihr Haar darüber kämmte. An den heiligen Quellen der Vorväter wurden die ersten Christen getauft. Osterzeremonien verlegte man ebenfalls gern an Quellen. Durch den Segen sowie das Eintauchen der Osterkerze erhielt das Wasser der Status des Besondern, des Heiligen. An der 14. „Statio" des Pilgerfahrtspfades in Ballintubber kann der Pilger über das Wasser und seine Bedeutung nachdenken.

Das Kreuz Christi in der Abtei Ballintubber steht an einem außergewöhnlichen Ort. Man sagt, die Kalksteinfelsen von Golgota seien vor etwa 360 Millionen Jahren auf dem Grunde des Meeres entstanden. Der Platz, an dem das Kreuz im Klostergarten errichtet wurde, ist ein Felsgestein, das vor ungefähr 1700 Millionen Jahren beim Zusammenstoß zwischen dem amerikanischen und dem europäischen Kontinent seinen Ursprung hat. Ein Stück Ewigkeit wird in diesem Kreuz symbolisiert. Jedoch es ist kein statischer Ort. Das am Fuß des Kreuzes fließende Wasser ist Symbol des sakramentalen Lebens der Kirche. Das Wasser strömt mystisch gleichsam aus der Seitenwunde Jesu. Es ist Wasser, das lebendig macht, das dem, der davon trinkt, zum ewigen Leben gereicht.

Der Felsen von Golgatha ist eine der markantesten Erinnerungsstätten an das irdische Leben Christi.

„To go west" hieß einmal ein geflügeltes Wort für den Weg, der der Vollendung, dem Ziel zustrebt. Die gleichnamige Zigarettenmarke hatte daran keinen Anteil. Der Lauf der Sonne ähnelte dem Lebenslauf. Der Sonnenaufgang war gleichsam die Geburt, ihr Stand im Zenit die Lebensmitte, der Sonnenuntergang das Ende des Lebens, der Tod. Aber die Sonne stand am nächsten Morgen wieder glutrot am Himmel im Osten, um ihren Lauf von Neuem zu beginnen. Also musste es einen Neubeginn, eine Auferstehung von den Toten geben. Das versucht der „Auferstehungsweg" in Ballintubber in Gesteinsform darzustellen. Die Megalithkultur war reich an Steinsetzungen. „To go west" bedeutete, reicher, weiser, vollkommener zu werden, und entsprechend nahmen die gesetzten Steine an Größe zu. Doch um die Auferstehung Christi zu demonstrieren, müssen die Steine umgekehrt, in Richtung Osten, wachsen. Denn Christen erhalten ihre erlösende Kraft vom auferstandenen Christus. Mit dem Gesicht nach Osten werden die Christen bestattet. Im Osten wird Christus am Jüngsten Tag erscheinen, um Gericht zu halten über Lebende und Tote. Dieser Botschaft des „Auferstehungsweges" wird man sich nicht entziehen können.

Segne mir die Gefährtin meiner Liebe,
segne mir die Arbeit meiner Hände,
segne, o segne mich, o Gott,
segne den behüteten Raum meines Lebens.
Segne, o Gott, meinen Schlaf,
ja, segne den behüteten Raum meines Lebens.
Möge das Böse sich nicht mit uns zur Ruhe begeben.

Der Hahn spielt in der Heilsgeschichte wiederholt eine Rolle. Zum Beispiel im Hof des Hohenpriesters, als Petrus den Herrn verleugnete. Zweimal auf dem Weg nach Santiago de Compostela, wo das „Hühnermirakel" einen unschuldig zum Tod verurteilten Pilger vom Galgen errettete. Auch in Irland gibt es die Geschichte vom „Cock in the pot". Nach der Überlieferung saßen einige Männer nach der Kreuzigung Jesu in Jerusalem beisammen. Einer sagte: „Es wird berichtet, er sei auferstanden." Die anderen lachten. „Er wird so wenig auferstehen, wie der Hahn lebendig wird, der in diesem Topf kocht." Da erhob sich der Hahn, spreizte sein Gefieder und rief: „Der Sohn der Jungfrau ist vom Tode errettet!" – „Tá Mac na hóighe Slán!" Auferstehung bedeutet auch, in ausweglosen Situationen neuen Mut zu fassen. Selbst im Tod. Davon erzählt der Auferstehungsgarten in Ballintubber. Zehn große missionarische Bewegungen sind von Irland aus in alle Welt gegangen, um diese Botschaft der Hoffnung zu verbreiten. An dieser Stelle auf dem Pilgerweg begegnen wir ihnen.

Der Pilger nähert sich einem Steinkreis, der an die elf Apostel und Maria erinnert. Steinkreise haben in der keltischen Mythologie eine tiefe Bedeutung. Sie umgaben einen heiligen Ort. In Ballintubber verdient ein großer Stein in der Mitte des Kreises besondere Aufmerksamkeit. Ein Stein, der heute dreigeteilt ist. Er stammt aus den Bergen von Partry, und in seiner Oberfläche befanden sich kleine Löcher. Vielleicht Feuerlöcher. Feuer entstand durch Reibung von Stöcken auf den Steinen. Nicht nur hier sieht man Feuerlöcher. In Kilmalkedar, Co. Kerry, zum Beispiel ziert ein Feuerloch einen behauenen Kultstein. Verschiedene Monumente entlang des Tóchar Phádraig weisen ebenfalls Feuerlöcher auf. Sie sind von Steinkreisen umgeben. So herausragende Orte mussten geschützt werden.

Feuer war ein Geschenk des Sonnengottes und lebenswichtig. Christus hat über Feuer gesprochen, das er auf die Erde senden werde. Das Feuer der Liebe zu entfachen war eine Bitte an den Hl. Geist.
Dolmen dienten in der Steinzeit vielfältigen Aufgaben. Sie waren Meditationsstätte, Opferalter, doch in erster Linie wohl Grablege. Ein großer Deckstein liegt schräg auf zwei parallel aufgerichteten Tragsteinen. Der Standort des Dolmens gilt als heilig. Er wurde nicht willkürlich ausgewählt. Wasseradern, tellurische Strömungen sind unter ihm nachweisbar. Dem Verstorbenen gab man Speise für die „große Reise" mit ins Grab. Die Vorstellung von der Seelenwanderung war auch der keltischen Welt vertraut. Der Dolmen ist jedoch zugleich ein Ort der Verwandlung, der Wiedergeburt. In Ballintubber verbindet man diese Vorstellung mit der Gottesmutter. Sie wurde mit Leib und Seele in den Himmel aufgenommen, in ein neues Leben, in den Zustand der Unsterblichkeit. Steine schweigen, Steine reden. Die ganze Natur will erlöst werden und teilhaben an der Ewigkeit.

Reich dekorierter Stein in Kilmalkedar auf der Dingle-Halbinsel. Er diente offenbar als Sonnenuhr.

Die letzte Station des „Pathways", des das Gelände von Ballintubber durchziehenden Pilgerweges, orientiert sich an der Geheimen Offenbarung des Johannes. Vier Engel an den vier Ecken der Erde hielten die vier Winde fest, so wird berichtet. Und ein anderer kam vom Sonnenaufgang her und rief ihnen zu: „Schädigt nicht das Land noch das Meer noch die Bäume, bis wir den Knechten unseres Gottes das Siegel auf ihre Stirn gedrückt haben ... Darauf sah ich eine große Schar, die niemand zählen konnte, aus allen Nationen und Stämmen und Völkern und Sprachen; die standen vor dem Throne und vor dem Lamme, in weiße Gewänder gehüllt und mit Palmen in den Händen ..." Die Natur ist eingebunden in den kosmischen Endkampf zwischen Gut und Böse. Deshalb sind Bäume, Blumen, Wasser und Felsen ein Merkmal dieser letzten „Statio". Christus, das Lamm, wird am Ende den Sieg davontragen. Er ist der Schlüssel zur Erlösung von Mensch und Natur. Das will auch der Schwarzdorn im Hintergrund symbolisieren. In alten Zeiten war er ein schlechter Baum und als Unglücksbringer gefürchtet. Doch aus seinen Zweigen wurde die Dornenkrone geflochten, die Christus tragen musste. So wurde der Schwarzdorn „erlöst". In Christus wird alles verwandelt, durch ihn entsteht alles neu.
Der Pilgerrundweg von Ballintubber macht neugierig auf dieses neue Leben. Er will mehr sein als nur ein Spaziergang um eine wieder aufgebaute Abteianlage. Er ist ein Meditationsangebot. Die zwanzig Stationen, an denen der Wanderer stehen bleiben und stille halten soll, sind nur Hilfsmittel, den eigenen Seelenzustand zu erforschen, mit sich selbst ins Reine zu kommen und sich seiner Berufung für ein neues, ewiges Leben bewusst zu werden.
Dieser „Lebensgarten" hat inzwischen auf kleinerem Raum auch in Deutschland Nachahmung gefunden. Die evangelische Gemeinde von Amelunxen, Kreis Höxter, schuf zum Beispiel in der Nähe ihrer alten St.-Georg-Kirche und gegenüber der katholischen St.-Peter-und-Paul-Kirche eine Anlage mit ähnlichen dekorativen „Hilfsmitteln", die den Menschen bei der Suche nach der Ewigkeit unterstützen möchten. Und auch in Gottstreu, Landkreis Kassel, befindet sich ein kleiner Meditationsgarten neben der Kirche, die die Tradition der Waldenser bewahrt.

Paternus kam auf seiner Pilgerfahrt bis Paderborn

Der Klausner sah den Brand des Klosters Abdinghof und der Stadt Paderborn voraus

Irische und schottische Missionare brachten das Christentum vor Bonifatius nach Europa und so auch nach Germanien, nach Deutschland. Sie erreichten den Kontinent in verschiedenen Wanderbewegungen. Dazu gehörte auch ein Mönch, der auf seiner Pilgerreise Paderborn zum Ziel seines Unterwegsseins erkor. Der selige Paternus gehört zur späteren Wanderwelle, und er kam bis ins Land der Sachsen. Nach dem Totenbuch des Klosters Abdinghof starb er am 13. April 1058 bei einem Brand. Paternus hatte sich das Benediktinerkloster als endgültige Bleibe ausgesucht, weil er hier auf einen angesehenen Träger der monastischen Reform traf. Vielleicht hat er sich nach einer Rompilgerfahrt hier als Inkluse (Klausner) niedergelassen. Die irischen Mönche jener Tage waren äußerst beweglich. Als Inklusen bezeichnete man Männer und Frauen, die sich schließlich für längere Zeit oder auf Lebenszeit in eine Zelle einschließen oder sogar einmauern ließen, um Gott zu dienen. Eine Öffnung in der Wand ermöglichte die Nahrungsaufnahme. Die Bestimmungen verschärften sich im 7. Jahrhundert dahingehend, dass ein Inkluse zunächst drei Jahre im Kloster gelebt haben musste, dann aber seine Zelle nicht mehr verlassen durfte. Die Ansätze dieser Lebensweise gehen auf den Orient zurück: Die Heiligen Paulus von Theben und Antonius der Einsiedler lebten in Ägypten längere Zeit in völlig abgeschlossenen Höhlen. Da das frühirische, keltische Christentum sich auf die koptische Religionstradition berief, stand das orientalische Beispiel den Mönchen in Gallien und auch in Germanien lebhaft vor Augen.
Als im Kloster Abdinghof und in der Stadt Paderborn ein Brand ausbrach, weigerte sich Paternus, dem Gelübde als Inkluse folgend, seine an die Alexiuskapelle angebaute Zelle zu verlassen; er kam ums Leben. Nach Überlieferungen soll er den Brand dreißig Tage vorher vorausgesagt haben. Er wollte die Sünder zum Buße ermahnen. Die Gabe der Prophetie begegnet uns bei vielen Inklusen. Seine Rolle als Schutzherr von Paderborn musste Paternus an den hl. Kilian und schließlich an den hl. Liborius abtreten.

Knock – das irische Lourdes

Im Hungerjahr 1879 erschien die Gottesmutter fünfzehn ausgemergelten Gestalten

1879 – für Irland ein ereignisreiches Jahr. Einmal gründete Michael Davitt die irische Landliga, die den englischen Landbesitzern und Gutsverwaltern den Krieg erklärte, zum anderen machte eine Aufsehen erregende Erscheinung in Knock von sich reden, die als das Bild der Muttergottes gedeutet wurde. Knock, ein kleiner, abgelegener Ort in Mayo – Cnoc Whuire heißt der Ort auf Gälisch. Man hat immer wieder versucht, beide Ereignisse miteinander in Zusammenhang zu bringen, obgleich sie so grundverschieden waren. Dreihundert Jahre Verfolgung lagen hinter den Iren. Sie hatten ihr Land an englische Neusiedler verloren, waren zum großen Teil in die weniger fruchtbaren Regionen westlich

des Shannon abgedrängt worden. Doch dann hatten sie gegen die Ausbeuter aufgemuckt, und einer der englischen Gutsverwalter, der im Auftrag seines Herrn in der Nähe des Lough Mask seinen Dienst versah, hatte die Folgen der Arbeitsverweigerung zu spüren bekommen. Der Mann hieß Boycott und war von Haus aus Kapitän. Nun aber verweigerten die Iren den Dienst auf dem in englischem Besitz befindlichen Gut – sie „boykottierten" die Arbeit. Die Kühe wurden nicht mehr gemolken, die Ernte nicht eingefahren, die Kamine mit den Torffeuern nicht länger beheizt. Das war eine Rebellion, die in der „Times" hart, aber fair diskutiert wurde und zu Veränderungen zugunsten der irischen Landbevölkerung führte.
1879 stand die Bevölkerung von Westirland wieder vor einer Hungersnot, deren erste um 1845/46 schon Hunderttausende in den Tod oder auf die Auswandererschiffe getrieben hatte. Die durch den Mehltau verdorbene Kartoffelernte behinderte das Überleben. Man sagt, die Menschen hätten sich satt essen können, hätten sie ihrem alten Glauben abgeschworen und wären sie Anhänger der anglikanischen Kirche geworden. Doch die eingefleischten Katholiken dachten nicht daran, ihren alten, überlieferten Glauben zu verleugnen. War es der Dank des Himmels, dass sich an einem verregneten Donnerstagabend, am 21. August 1879 gegen 8 Uhr, an der Ostgiebelwand der kleinen Dorfkirche von Knock die Mutter Gottes zeigte, von blendendem Licht umgeben? An der rechten Seite der Madonna stand der hl. Joseph, an der linken Seite der hl. Johannes der Evangelist im Gewand eines Bischofs, das aufgeschlagene Evangelienbuch in der Hand. Zu dessen linker Seite befand sich ein schlichter Altar, auf dem ein Lamm stand, und hinter dem Lamm ragte ein großes Kreuz ohne Korpus empor. Der hl. Josef neigte sich Maria zu, der hl. Johannes deutete mit der rechten Hand auf sie, und auch das Lamm richtete seinen Blick auf die Hohe Frau. Die Gottesmutter stand also im Mittelpunkt der Erscheinung.
Fünfzehn Dorfbewohner, junge und alte, standen zwei Stunden bei strömendem Regen vor der Kirche und blickten, den Rosenkranz betend, auf die himmlische Gruppe. Auch die Mutter Gottes schien zu beten, denn sie hatte die Hände gefaltet und den Blick nach oben gerichtet. Sie trug einen weiten, weißen Umhang, der am Hals geschlossen war, und auf dem Kopf eine strahlende Krone.
Der Platz der Erscheinung blieb vom Regen verschont, die Seherinnen und Seher hingegen waren bald völlig durchnässt. Eine Frau aus der Gruppe, Brigid Trench, versuchte die Füße der Gottesmutter zu küssen, weil sie ihr so lebensecht erschien. Noch am selben Abend informierten die Beterinnen und Beter den örtlichen Pfarrer, der zunächst zurückhaltend reagierte. Doch sechs Wochen später setzte der Erzbischof von Tuam, Dr. John MacHale, eine Untersuchungskommission ein, die die fünfzehn Augenzeugen verhörte und zu dem Schluss kam, dass die Aussagen der Zeugen zufriedenstellend seien. Schon bald kamen Tausende Menschen mit ihren Kranken zum Erscheinungsort nach Knock. Die Zeitungen berichteten von zahlreichen wundersamen Heilungen. Im März 1880 startete die erste offizielle Pilgerfahrt von Limerick nach Knock.

Die alte Dorfkirche von Knock mit der angebauten Kapelle, in der die marmorne Nachbildung der Erscheinungsgruppe steht.

Auch in Knock fehlt ein vielseitiges Devotionalien-angebot nicht.

1936 berief Erzbischof Gilmartin abermals eine Untersuchungskommission ein, die die Aussagen der drei noch lebenden Augenzeugen überprüfte. Alle drei bekräftigten ihre einstige Aussage. Mary O'Connell sagte auf ihrem Sterbebett unter Eid: „Ich habe über alles, was ich sagte, keinerlei Zweifel und lege hier Rechenschaft ab in dem Bewusstsein, dass ich bald vor meinem Schöpfer stehen werde."
Über die „Botschaft" von Knock ist oft gerätselt worden, denn es gab keine mündlichen Hinweise und Aussagen der himmlischen Gruppe. Da die Mutter Gottes in betender Haltung gesehen wurde, schloss man daraus, dass sie die Christen zum inständigen Gebet aufrufen wolle. Die Probleme der Erscheinungszeit unterscheiden sich zwar deutlich von den heutigen, doch die Aufforderung zu beten gilt auch im 21. Jahrhundert. Im 19. Jahrhundert litt das irische Volk unter Armut, Hunger und Unterdrückung, lag die Armut im Materiellen, heute liegt sie im Spirituellen. Damals hungerte die Welt nach irdischer, heute nach geistiger Nahrung. Die Unterdrückung im 19. Jahrhundert ging von äußeren, von politischen Kräften aus, heute übt eine der Welt zugewandte, zügellose und materialistische Gesellschaft Druck auf die Individuen, auf den einzelnen Menschen aus. Die Botschaft von Knock ist daher die Botschaft einer besorgten Mutter. Die Anwesenheit des hl. Johannes des Evangelisten im Bischofsornat hat man so interpretiert, dass er als Warner und Mahner die Gläubigen zur Treue zu den Repräsentanten der Kirche auffordert. Der hl. Josef verkörpert die Rolle des Laien, dem ein Wächteramt in der Kirche zukommt. 1979, hundert Jahre nach der Erscheinung, ehrte Papst Johannes Paul II. Knock mit seiner Anwesenheit und gab der neuen großen Basilika die kirchliche Weihe. Seine persönlichen Gaben waren eine Kerze und eine goldene Rose.
Der Festtag Unserer Lieben Frau von Knock ist jeweils der 21. August. Die Pilgersaison wird am letzten Sonntag im April eröffnet und endet am letzten Sonntag im Oktober. Der letzte Donnerstag eines jeden Monats ist besonders den Kranken vorbehalten.

Maria, strahlende jungfräuliche Königin,
wirf meine Sünden weit hinter mich,
hilf mir, sie alle zu bereuen,
ordne meinen Willen und meinen Verstand.

Und wenn ich vor der Morgendämmerung sterbe,
bitte ich, gut vorbereitet zu sein
um meinem Gott zu begegnen, den Hl. Drei, dem Einen,
um an der himmlischen Freude für immer teilzuhaben.

Die Gebete der Pilger klingen noch nach ...

Corcomroe und Aghagover liegen am Pilgerweg zum Croagh Patrick

Der Wegweiser weist die Entfernung zur Kirchenruine von Corcomroe mit einer Meile aus, aber nachdem wir diese Distanz hinter uns gebracht haben, steht ein weiterer Wegweiser am Straßenrand und zeigt in die Richtung, aus der wir gekommen sind: „Corcomroe – eine Meile". Nun sind kontroverse Wegbeschreibungen dieser Art in Irland nicht verwunderlich, aber an einem heißen Tag möchte man bei praller Sonne nicht unnötig lang im Wagen sitzen und durch die schöne Landschaft fahren, auch nicht durch die Grafschaft Clare. Da kommt uns auf der Nebenstraße, an der wir parken, ein Auto entgegen. Stoppzeichen. Der Fahrer dreht die Fensterscheibe herunter, und wir erklären ihm unser Ziel. Mit der Behändigkeit einer Forelle schnellt er hinter dem Lenkrad hervor, ein Mann mit dickem Kopf und dickem Hals, und mit einer Wieselflinkheit, die man ihm nicht zugetraut hätte, springt er aus dem Fahrzeug, gestikuliert und redet in einem nicht zu verstehenden Dialekt. Aber am Ende wissen wir, wohin wir zu fahren haben – und finden unser Ziel.

Die kreuzförmige Klosterruine von Corcomroe befindet sich gewöhnlich nicht am Reiseweg der Touristen. Sie liegt abseits der Straßen, am Fuß des steinreichen Burren. Wo die im Karst versickerten Bäche wieder zu Tage treten und das hügelige grüne Land befruchten, bauten die Zisterzienser in einem Tal 1182 eine Abtei, nachdem Donal Mor O'Brien oder sein Sohn Donat die Stiftungsurkunde unterschrieben und die Finanzen bereitgestellt hatten. Die Mönche kamen 1195 aus Inishlounaght in der Grafschaft Tipperary. Es ist die Zeit der Gotik in Irland, jener beschwingten, zum Himmel strebenden Bauweise, die der hl. Malachias bei seinem Freund Bernhard von Clairvaux kennengelernt hatte und deren erste Frucht 1142 das Kloster Mellifont – Honigquelle – in der Nähe des lieblichen Boynetales gewesen war.

Die Abteiruine von Corcomroe liegt malerisch in den Wiesen unterhalb des Burren.

Die Zisterzienser gaben Corcomroe den Namen „Santa Maria de Petra Fertili" – hl. Maria vom fruchtbaren Felsen – wohl in Anspielung auf den Steinreichtum der Gegend.
Wie bei vielen Kirchen und Klöstern in Irland sind die Nebengebäude auch hier verschwunden – „vanished" heißt es lakonisch in den Reiseführern. Warum sie verschwunden sind, eröffnet dem Besucher meist die Schilderung der Kriegszüge, die das Land verwüsteten. Wechselnde Landbesitzer und die Ansprüche von Clan-Häuptlingen oder aber Familienfehden mögen ebenfalls zur Änderung der Besitzverhältnisse beigetragen haben – immer auf Kosten der Klosterbewohner, die ja die Beschaulichkeit des Ordenslebens gewählt hatten und nun unter den Querelen zerstrittener Verwandter und Politiker leiden mussten.
In Corcomroe liegt der Fall etwas anders: 1295 kam die Gerichtsbarkeit über die Abtei von Inishlounaght nach Furness in Lancashire, das heißt, die sonst so gehütete eigenkirchliche Entwicklung in Irland unterstellte sich einer römisch geordneten Oberaufsicht, wie sie in Großbritannien seit dem 5. Jahrhundert vorherrschte. Überhaupt scheint der Blick über den nationalen Kirchturm hinaus schon damals in Corcomroe gang und gäbe gewesen zu sein, denn einer seiner Mönche, Fiar John O'Dean, wirkte im spanischen Salamanca und wurde 1628 zum Abt von Corcomroe gewählt. Doch schon bald war es mit dem ruhigen Mönchsleben vorbei: Oliver Cromwell legte dem unterjochten Irland noch engere Fesseln an. Die meisten Klöster und Abteien gingen in Flammen auf.
Corcomroe heute, das ist der verblichene Glanz, der sich in dem den Himmel zu geöffneten Kreuzgewölbe spiegelt. Von den Kapitellen lächeln merkwürdige Gesichter, die Grabsteine an den Wänden oder auf dem Grund des Gotteshauses sind die der Wohltäter wie Conor na Siudaine O'Brien, der 1267 starb, oder sie verweisen auf Menschen, die hier gelebt haben oder die Nähe des geheiligten Ortes suchten. In diesen Zeichen sind sich die Iren einig: Auch ein aufgelassenes Kloster kann nur ein gesegneter Platz sein, und die Toten sind – mit offizieller Genehmigung bestattet oder nicht – in seiner Nähe besser behütet als auf kommunalen Friedhöfen.

Vielseitig dekorierte Säulen zieren das Kirchenschiff von Corcomroe.

Das wird auch in Aghagower bestätigt. Kirche und Rundturm sind ruinenhaft erhalten. Ein Ort, der von Gräbern geradezu eingekreist zu sein scheint. Der Weg von Westport dorthin in die Abgeschiedenheit eines lieblichen Wiesentales wird wieder zu einem unvermeidlichen Suchprozess. Endlich nähert sich eine ältere Frau auf dem Fahrrad. Ihre Redseligkeit entzündet einen nicht zu stoppenden Redeschwall, den selbst der irische Fahrer nicht zu begreifen vermag. Hilfsbereit sind die Iren über alle Maßen, auch wenn sie es mit präzisen Angaben über Fahrtzeit und Entfernung nicht so genau nehmen.
St. Senach gründete das erste Kloster in Aghagover, nachdem St. Patrick ihn zum Bischof ernannt hatte. Es war der nämliche Heilige, der im 6. Jahrhundert Scattery Island in der Shannon-Mündung besiedelte. Aghagower mit seiner zweiten Kirche aus dem 15. Jahrhundert war einst Ausgangsort oder Rastplatz für die Pilgerfahrten zum Croagh Patrick, bis die Augustiner-Niederlassung in Murrisk zu Füßen des heiligen Berges Irlands – inzwischen selbst malerische Ruine – dem Kloster den Rang ablief. Daher also die Friedhöfe mit den vielen Gräbern – es sind die Ruhestätten von Pilgern sowie Bewohnern umliegender Ortschaften. Mag sein, dass der Blitz, der einst den Turm oder das Empfangsgebäude des Klosters Aghagower traf, zur Aufgabe beigetragen hat.

Wenn sich die Prozessionen heute in Murrisk statt in Aghagower bilden, um gemeinsam oder gruppenweise den heiligen Berg zu besteigen, so liegt ihnen das Ziel näher vor Augen, und die Strapazen der Pilgerfahrt sind nicht mehr so groß wie in alten Zeiten. Still ist es heute in Aghagower. Die alten, grauen Steine des Klosters verströmen die Wärme des Sonnentages. Nebenan steht eine moderne Kirche, längst nicht Ersatz für das frühe Gotteshaus. Das Weihwasserbecken im Vorraum ist einem Keltenkopf nachgebildet, mit offenem Mund und großen, fragenden Augen. Aghagower – geheiligt durch die Gebete unzähliger Pilger, die noch nicht verstummt sind und mit denen wir die unseren vereinen. Bitten, die immer noch nachklingen durch die Jahrhunderte im sanften Wind des Tales mit dem Aroma von Schilf und Heu.

Der hl. Colum ernährte sich vom Saft eines Baumes

Selbst vom Kontinent kamen Pilger nach „Holy Island" auf der Shannoninsel

Irland wird bekanntlich auch als „Insel der Heiligen" bezeichnet. Es gibt jedoch zudem noch ein „Holy Island", eine heilige Insel. Sie bildet eine Erhebung im Lough Derg. Das ist nicht die uns schon bekannte Bußinsel, sondern eine Ausbuchtung des Shannon, Irlands größtem Fluss. Man könnte sagen, dass der mäandernde und sanft dahingleitende Strom an dieser Stelle eine Art „Darmverschlingung" hat. Das Wasser staut sich und bildet nördlich von Limerick eine große, längliche Seenplatte. Von Mountshannon aus lässt sich die Überfahrt nach „Holy Island" antreten. Heute liegt die Insel wie verwunschen da. Man muss sich den Weg zu den wenigen Kirchenruinen schon selbst bahnen. Allerdings liegt in der Stille der Landschaft mit dem Flüstern der Bäume, den Düften der Gräser und dem Tanz der Libellen auch ihr Reiz. Vor Jahrhunderten war „Holy Island" jedoch ein bekannter Wallfahrtsort, und viele Pilger strebten selbst vom Kontinent zu dem bekannten Kloster, das heute nur noch in Mauerresten vorhanden ist. Seine Gründung geht auf den hl. Colum (Columba) zurück, der im 6. Jahrhundert lebte. Den Auftrag dazu soll er von einem Engel empfangen haben. Dem Vorgänger Colums, dem Einsiedler Maccriche, hatte der Engel offenbar das Wohnrecht gekündigt, jedenfalls gab es bei der Klostergründung keine Schwierigkeiten. Martin Glauert hat über die wundersamen Geschehnisse auf „Holy Island" einmal in einem Reiseblatt der FAZ geschrieben. Danach konnte Colum nur überleben, weil er sich auf wundersame Weise vom Saft eines großen Baum ernährte, der den Geschmack von Honig und die Wirkung von Wein gehabt haben soll – vielleicht war es Blütennektar oder eine Art Met?

Columbas Nachfolger hieß Caimin. Er baute eine Kirche aus grobem Felsgestein, die heute allerdings verfallen ist, einst jedoch Schauplatz einer merkwürdigen Zusammenkunft gewesen sein soll. Caimin traf sich hier mit seinen beiden Halbbrüdern, von denen einer König war. Da alle drei einen Wunsch frei hatten, wünschte sich der König, dass sich die ganze Kirche mit Gold und Silber füllen möge, um diesen Schatz an die Armen zu verteilen. Der zweite Bruder stellte sich vor, wie sich die ganze Kirche mit Büchern füllte, damit die Mönche daraus die Wahrheit erführen. Caimin aber wünschte zum Erstaunen seiner Brüder alle körperlichen Gebrechen der Menschheit, damit seine Brüder und Schwestern in Zukunft keine Krankheit mehr erleiden müssten. In der Tat scheint sich in den letzten

Lebensjahren des Einsiedlers kein Knochen in seinem Leib mehr mit dem anderen in Einklang befunden zu haben ... Viele Menschen pilgerfahrten daher zu dieser Stätte, um Heilung von ihren Beschwerden zu finden.
Den klösterlichen Schutz suchten die Menschen auch ihren Toten angedeihen zu lassen. Neben der Kirche befindet sich der „Friedhof der Heiligen", die Grabstätte der Mönche. Hier fanden auch viele Bewohner der umliegenden Dörfer und Weiler ihre letzte Ruhe. Irische Friedhöfe umgibt ein Hauch von wilder Romantik. Überwucherte Gräber, von Flechten besetzte Steine und Kreuze, geheimnisvolle Schriftzeichen und Symbole hinterlassen zuweilen einen gespenstischen Eindruck. Bei Nacht ist der Friedhof den Iren ein zu meidender Ort.
Entbehrungsreich war das Leben der Mönche, die nach der Regel des hl. Benedikt auf „Holy Island" lebten. So freute man sich über jeden Gast, denn dann wurden Speisevorschriften und Fastengebote gelockert. Ein Mönch namens Anmchad soll nach üppigem Mahl in vorgerückter Stunde ohne Erlaubnis des Abtes sogar Messwein angeboten haben – mit fatalen Folgen für ihn: Er wurde wegen Ungehorsams verbannt und soll im Jahre 1053 in Fulda gestorben sein, wo er sich für zehn Jahre in seine Zelle einmauerte. Einen rätselhaften verliesähnlichen Bau, brusthoch und kreisrund, gibt es auch außerhalb der Friedhofsmauer. Vielleicht ein äußerst begrenzter Aufenthaltsort für asketische Übungen.
Auch auf „Holy Island" gibt es einen Rundturm wie fast in jeder Klostersiedlung. Von der oberen Kammer unter dem konischen Hütchen riefen die Mönche in alle vier Himmelsrichtungen mittels Handglocken zum Gottesdienst. In schwierigen politischen Zeiten diente der Turm auch als Zufluchtsort. Die Klosterbewohner zogen sich in den in mehrere Stockwerke unterteilten Turm zurück – sie gingen „türmen", unser deutscher Ausdruck hat hier seinen Ursprung. Der Eingang zum Turm lag oft mehrere Meter über dem Erdboden. War die Leiter eingezogen, so konnten die Feinde den Turmbewohnern mit den Waffen der damaligen Zeit schwerlich schaden. Dennoch blieb „Holy Island" vom 8. Jahrhundert an vor Überfällen der Wikinger nicht verschont. Die überaus gewandten Seefahrer fuhren 836 und 922 in ihren schnellen Langbooten den Shannon hinauf und verwüsteten neben „Holy Island" auch das berühmtere Clonmacnoise. Erst 1014 gelang es Hochkönig Brian Boru in der Schlacht von Clontarf, den habgierigen Beutezügen der Nordmänner Einhalt zu gebieten. Er selbst fiel im Kampf und blieb bis heute unvergessen. Sein Bruder Marcan stand dem Konvent von „Holy Island" als Abt vor und starb 1009. Eine der Kirchen auf der Insel soll auf Brian Boru zurückgehen.

Je nach Wetterstimmung zeichnen sich die Umrisse von Scattery Island auf der Shannon-Insel dunkel gegen den Horizont ab. Eine Gründung des hl. Senan aus dem 6. Jahrhundert.

Der Rundturm von „Holy Island" trägt allerdings kein Dach. Die Schuld daran wird einem Maurergesellen zugeschrieben, dessen Arbeit durch den Anblick einer schönen jungen Frau, die ihm den üblichen Segenswunsch verweigerte, unterbrochen wurde. Der Geselle mutmaßte, so könne nur eine Hexe handeln, und warf ihr seinen Vorschlaghammer nach. Die Hexe floh durch die Luft von der Insel zum Festland, und noch heute soll man ihren Fußabdruck im Felsgestein sehen können. Noch einmal begegnete die Hexe dem jungen Mann, der jegliche Freude am Weiterbau des Turmes verloren hatte, als er entmutigt und grüblerisch an seinem Arbeitsplatz saß. Diesmal schlug der Maurergeselle ihr seinen schweren Hammer so fest auf den Kopf, dass sie zu Stein erstarrte, sich jedoch in eine so liebreizende Skulptur verwandelte, dass alle Mönche fortan stehen blieben und sie bewunderten. Darauf befahl Abt Marcan, die Statue bis zur Hüfte einzugraben. Alle späteren Versuche der Mönche und Besucher, diesen Vorgang rückgängig zu machen, scheiterten. Der Klostervorsteher hatte wohl eine ungewöhnlich haltbare Mixtur aus Mörtel, Haferstroh und Ochsenblut verwendet. Später schlugen die Mönche kleine Stücke aus der Figur, um ein Andenken an die schöne Frau zu erhalten. Ein grob behauender Steinklotz erzählt heute diese bittere Geschichte ...
Auch auf „Holy Island" befindet sich unter alten Bäumen ein Brunnen – Endpunkt einer Pilgerfahrt, die im 17. Jahrhundert begann. Die Wallfahrer bewegten sich auf einer vorgeschriebenen Route siebenmal um die Insel und beteten dabei immer wieder sieben Vaterunser und sieben Rosenkränze. In die Quelle am Ziel warfen die Gläubigen Münzen. Wenn sich das Wasser wieder beruhigt hatte und die Menschen ihr Spiegelbild sehen konnten, durften sie sicher sein, dass ihre Pilgerfahrt Gnade vor den Augen Gottes gefunden hatte ... Zu Beginn des 14. Jahrhunderts wurde das Gotteshaus des hl. Caimin als Pfarrkirche genutzt, doch verfiel sie in den folgenden zwei Jahrhunderten. Einige Kirchenruinen haben sich bis heute erhalten, darunter die des hl. Michael, der hl. Brigid, des hl. Caimin und die der hl. Maria. Erwähnenswert ist auch die „Kirche des verwundeten Mannes", ein kleines, rechteckiges Gebäude ungewisser Erbauungszeit. Es hat drei Eingänge. Ferner sind Teile des sogenannten „Cross of Cathasach" – des Kreuzes von Cathasach – mit Flecht- und Gitterwerk und zwei Reihen undefinierbarer Personen vorhanden.

Der Herr segne dieses Haus:
jeden Sturz, jeden Stein, jeden Flur,
jenen Tisch an dem wir sitzen,
die Räume und jene Tür,
die die Fremden willkommen heißt,
die sich den Armen ebenso öffnet
wie Freunden und Verwandten,
die Fenster, die das Sonnenlicht einlassen,
die Dachsparren hoch oben und die Mauern ringsum.
Gott erhalte uns glücklich und gesund
und gebe unseren Nachbarn Liebe und Frieden,
und wenn unsere Zeit auf Erden zu Ende ist,
schenke Gott uns die Krone des Lebens
und bringe uns in das königliche Haus des Himmels.

Eine zweite Insel im Shannon muss noch erwähnt werden, das ist Scattery Island, benannt nach Inis Cathaig, dem schrecklichen Monster Cata, das hier einst herrschte und durch den hl. Senan vernichtet wurde. Der hl. Senan, gestorben 544, gründete in der ersten Hälfte des 6. Jahrhunderts an dieser Stelle ein Kloster. Der hl. Ciaran, auf den die Gründung von Clonmacnoise zurückgeht, war sein Schüler. 816 und nochmals 835 plünderten die Wikinger das Kloster und hielten es wahrscheinlich auch von 972 bis 975 besetzt. Brian Boru eroberte die Insel schließlich zurück. Der auffälligste Teil der heute in Resten noch sichtbaren Klostersiedlung ist der Rundturm, den man schon von Weitem oder bei der Überquerung des Shannon erkennen kann. Er ist 120 Fuß hoch. Im Gegensatz zu anderen Rundtürmen hat er den Eingang direkt am Boden und nicht zwei, drei Meter darüber. Einige der alten Bauwerke, die aus verschiedenen Jahrhunderten stammen – darunter die „Kirche des Engelhügels“ oder die „Kirche des Todes“ – sind noch in Fundamenten oder als Ruinen erkenntlich. Trotz ihrer Lage im Strom hat die Insel manche Invasion überstehen müssen. So wurde sie 1057 und nochmals 1176 erobert und verwüstet. Der Engländer William Hoel entweihte die Kirchen im Jahre 1179. Zu dieser Zeit wurde die Abtei Teil des Bistums Limerick. Die Normannen nahmen die Insel im 13. Jahrhundert in Besitz und richteten eine Wachstation ein. Papst Innozenz VI. ernannte1359 einen Bischof, der allerdings vom örtlichen Klerus nicht akzeptiert wurde. Im 14. und 15. Jahrhundert gewann das Kloster als Kollegiatkirche wieder an Bedeutung, doch während der Ära Königin Elisabeths I. wurde es zerstört. Um 1577 entstand hier sogar eine Burg, von der nicht mehr viel übrig blieb. Ob sich wohl der Brauch erhalten hat, wonach neue Schiffe auf ihrer Jungfernfahrt als Zeichen der Hochachtung und des Respekts die Insel umfahren und die Seeleute Kieselsteine vom Ufer mitnehmen, um Gefahr abzuwenden? Früher muss es wohl so gewesen sein.

„Flüsterbogen“, Hochkreuz und die Ruinen mehrerer Kirchen in Clonmacnoise.

Eine malerische Klosterruine ist noch immer ein stiller Pilgerort

Jerpoint Abbey erzählt die wechselvolle Geschichte von Mönchen und Kriegern

Wie lange mag es her sein, dass die Iren nach Jerpoint Abbey pilgerten? Kein Zweifel, auch heute kommen fast täglich Menschen zu dieser malerischen Klosterruine. In den Sommermonaten lösen sie ihre Eintrittskarte und wandeln in den Mauerresten, die je nach Sonnenstand hell aufleuchten und die vielen versteckten Gesichter auf den Steinen zum Lachen bringen oder im Grau des Regentages verschwimmen lassen, umher. Die Abteiruine bei Thomastown, Co. Kilkenny, gilt als eine der schönsten in Irland, und da sie an einer offiziellen Straße liegt und nicht über private Feldwege erreicht werden muss wie die keltischen Hochkreuze der Ahenny-Gruppe auf den verlassenen Friedhöfen der Umgebung, kann man ihren gewaltigen Gebäudekomplex nicht verfehlen. Das einstmals berühmte Kloster gehört in die bemerkenswerte Reihe der Zisterzienser-Gründungen, die bei einer Begegnung zwischen dem hl. Malachias, Bischof von Armagh, und dem hl. Bernhard von Clairvaux geplant worden waren und mit der Abtei Mellifont – Honigquelle – ihr erstes gotisches Bauwerk auf der „Grünen Insel" erhalten hatten.

Der zum Teil erhaltene Kreuzgang von Jerpoint Abbey ist stellenweise mit Figuren geschmückt.

Einer der Könige von Ossory, vermutlich Donal McGillapatrick, gab vor 1170 das Startzeichen zum Baubeginn für Jerpoint Abbey auf einem Gelände, das zuvor den Benediktinern gehört hatte. Die Ruinen lassen deutlich erkennen, wie mächtig die Burg Gottes einst gewesen sein muss: Der restaurierte Turm aus dem 15. Jahrhundert mit seinen fremdartig anmutenden Zinnen überragt die quadratische Anlage mit Kirche, Wirtschafts- und Wohngebäuden sowie dem Kapitelhaus. Chor und Kreuzschiff mit ihren geschmackvoll geschnitzten Kapitellen sind noch geprägt von der derben Gradlinigkeit der irischen Romanik, während sich in Langhaus und Kreuzgang gotische Einflüsse rein erhalten haben. Auffällig sind die Sarkophage und Sedilien im Schatten des Chorfensters aus dem 14. Jahrhundert, dessen Maßwerk sein verspieltes Filigran aus Stein gegen Himmel und Bäume setzt. Felix O'Dulany, gestorben 1202, Bischof von Ossory und erster Abt von Jerpoint Abbey, sowie Robert Walsh von Castlehoyle und seine Frau Katharine sollen hier ihre letzte Ruhestätte gefunden haben, heute noch betreut von Aposteln, Engeln und geistlichen Verwandten, die wie zu einer Totenwache am Fuße des Grabmäler aufgezogen sind; im Fries versteinerte „Weepers", wie die Engländer sagen, oder „Pleurants" – das französische Wort für „Trauernde". Aber die Gesichter reden weniger von irdischen Schmerzen als von der Freude der jenseitigen Welt ...

Wie menschlich die Welt auch im Kloster ist: Da reihen sich kleine Gestalten unter den Bögen des Kreuzganges. Sie treten gleichsam aus den Säulen hervor, den Betrachter fixierend und um sich selbst in Augenschein nehmen zu lassen. Ein asketischer Mönch mit Wanderstab und Rosenkranz, ein Ritter mit Speer und Schild, ein Abt mit den Insignien seiner Würde. Aber da sind auch Menschen in ihren Schwächen, denen man die Lust am Essen ansieht oder den Geiz oder den Übermut. Ein spätgotisches Bilderbuch, das vor der großartigen Kulisse des geschichtsreichen Klosters seine Figuren entlässt zum Spiel auf der Bühne des Lebens.

Ein mächtiger Turm überragt die Vierung der ehemaligen Abteikirche.

Figuren aus der Engel- und Heiligenwelt zieren die Sarkophage in Jerpoint Abbey

Wer hat sie geschaffen in ihrer Menschlichkeit, den Mönchen auf ihrem Weg durch den Kreuzgang zur Freude und Erbauung, zur Besinnung und Warnung? Rory O'Tunney hieß der Künstler – was weiß man noch von ihm? „Sohn des Patrick" soll er sich genannt haben. Er entstammte einer berühmten Familie von Steinmetzen und Bildhauern. Aber nur wenige Werke tragen seine Signatur. Man muss sich auf Merkmale und Zeichen verlassen, um seine Arbeiten einordnen zu können. In der ersten Hälfte des 16. Jahrhunderts wird seine Schaffensperiode gewesen sein. So also sah er seine Welt – er leiht uns heute seinen Blick. Diese menschliche Nähe und Greifbarkeit in den Reliefs, in den Gesichtern und Bildern. Sie gehören zu dem, was einem nicht leichtfertig geschenkt wird, sondern was man entdecken muss ...
Die Iren wissen das. Ihr Spaziergang ist nicht einfach Bewegung um der Gesundheit willen und Frische-Luft-Schnappen nach ärztlicher Verordnung. Klosterruinen sind heilige Orte, die ein Stück Ewigkeit erden. Deshalb gehen die Iren dorthin. Pilgerfahrt mit einem Anflug von Besinnung und Meditation. Sie haben seit Generationen ihre Toten in den gesegneten Bezirk gebettet, in dem der Wind noch widerhallt von den Gebeten längst in den Himmel vorausgegangener frommer Frauen und Männer. Schon lange ist es verboten, Verstorbene außerhalb der vorgeschriebenen Friedhöfe zu bestatten. Doch insgeheim erwählen die Iren immer noch die alten Klosterstätten als Bleiberecht für die, die ihren Herzen über den Tod hinaus verbunden sind.

Mögest du von Herzen jedermann vergeben
und für alle, die dir das Leben schwer machen,
beständig beten.
Mögest du mit lebendigem Eifer die Gebete
für die Toten verrichten,
so als wäre jeder verstorbene Christ
dein besonderer Freund.

Die Hochkreuze von Monasterboice erzählen die Bibel in Bildern

An einem meditativen Ort im County Louth wird an die Geschichte des Copyrights erinnert

Das sogenannte Tal-Kreuz in Monasterboice mit dem Rundturm, in dem die Klosterbibliothek verbrannte.

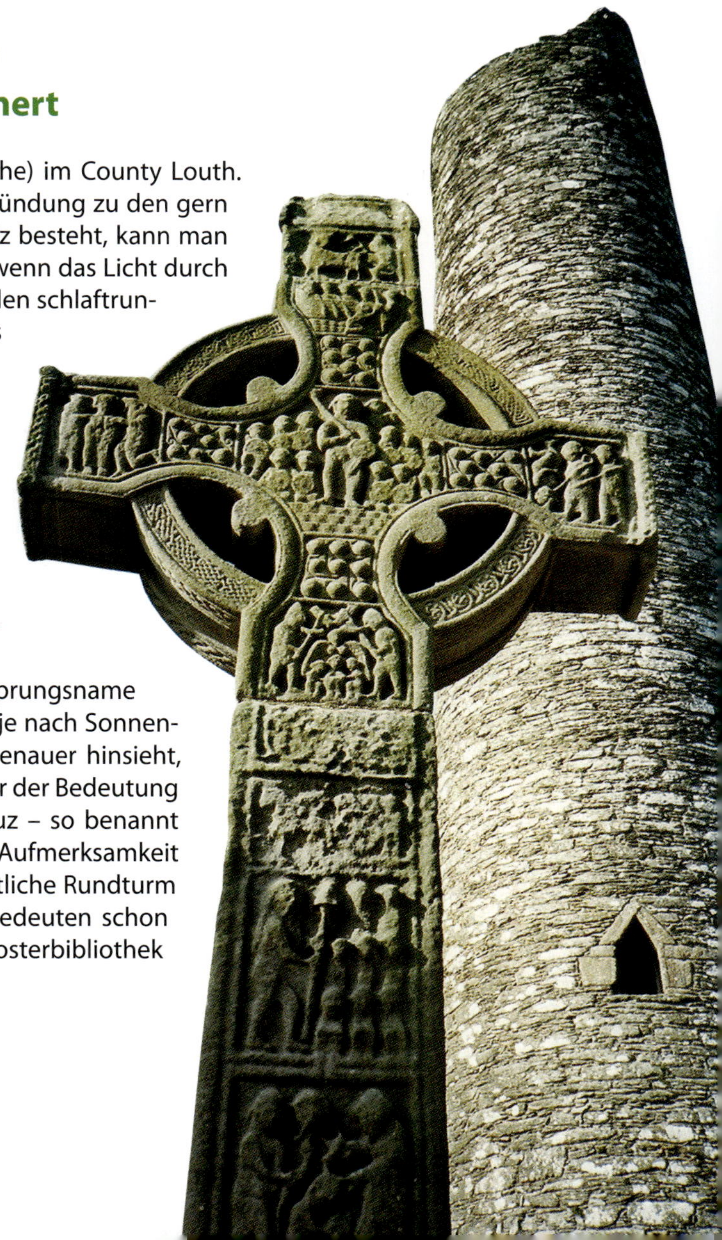

Ein schöner meditativer Ort ist Monasterboice (Mainistear Buithe) im County Louth. Im Norden von Drogheda gelegen, gehört die frühere Klostergründung zu den gern besuchten malerischen Plätzen im Osten Irlands. Worin sein Reiz besteht, kann man nicht beschreiben, man muss ihn erleben. Vor allem im Herbst, wenn das Licht durch das erste Rostbraun der Blätter funkelt und die Sonne ihre Strahlen schlaftrunken auf die die Friedhofsidylle überragenden grauen Steine des Rundturms wirft, gewinnt die Gründung des hl. Buite aus dem 6. Jahrhundert seine verschwundene Schönheit zurück. Vom Leben dieses Heiligen ist wenig bekannt, wie ja auch die Biografie vieler irischer Heiliger nur in der Legende lebt. Doch er soll einmal mit dem hl. Patrick in Berührung gekommen sein – wie, das wird nicht überliefert. Er tat viele Wunder, heilte Kranke und erweckte selbst Tote wieder zum Leben ... St. Buite, der 521 starb, war es auch, der die Größe und Bedeutung des hl. Columba prophezeiht hatte. Columba wurde an dem Tag geboren, an dem der hl. Buite starb.

Aus dem Schatten der Bäume in Monasterboice – dessen Ursprungsname Monasterium schon auf eine Mönchssiedlung verweist – treten je nach Sonnenstand zwei bemerkenswerte Hochkreuze aus Sandstein. Wer genauer hinsieht, entdeckt zwar noch ein weiteres Hochkreuz, doch bleibt es hinter der Bedeutung der beiden Bibelkreuze zurück, von denen das Muiredach-Kreuz – so benannt nach einem Abt dieses Namens, der 922 starb – unsere ganze Aufmerksamkeit auf sich zieht. Neben den beiden Scripture-Crosses fällt der stattliche Rundturm auf. 28,50, dann wieder 33,50 Meter soll er hoch sein – was bedeuten schon Maße in Irland? 1097 brannte er aus, und mit ihm gingen die Klosterbibliothek und andere Schätze, die er gerade barg, verloren.

Kreuzigungsszene auf dem Muiredach-Kreuz in Monasterboice.

Kells, die Gründung des hl. Columba, ist nicht weit entfernt. Die Ähnlichkeit der dortigen Hochkreuze mit den Skulpturen-Kreuzen in Monasterboice ist auffällig. Das berühmte Book of Kells aus dem 8. Jahrhundert, das den Namen dieser Mönchssiedlung trägt, ist dort allerdings nicht entstanden, sondern wiederentdeckt worden. Geschrieben wurde es wahrscheinlich auf der Insel Iona vor der schottischen Westküste, wohin Columba wegen seines legendären Bücherstreits verbannt worden war.

Was war geschehen? St. Columba der Ältere, auch Columcille/Colmcille – kleine Taube der Kirche – genannt, besaß keine eigene Heilige Schrift. So schrieb er einmal anlässlich eines Besuches beim hl. Finnian in Drum Finn nachts heimlich in der Bibliothek einen Psalter ab, was strengstens verboten war. Der hl. Finnian kam ihm auf die Schliche und forderte die Kopie heraus. Aber Columba weigerte sich. So trugen beide ihren Streit schließlich vor dem Hochkönig aus. Der eine beklagte, die Abschrift sei ohne Genehmigung erfolgt, der andere rechtfertigte sich, die Kopie habe dem Original nicht geschadet. Und: Wer könne denn überhaupt der Verbreitung eines heiligen Textes im Wege stehen? König Dermot Mac Cerr-béil von Tara urteilte: „Das Kalb geht mit der Kuh!" St. Columba musste also die Abschrift herausrücken, was ihn in Harnisch versetzte. Da er sich der Unterstützung seiner zahlreichen Verwandtschaft sicher sein konnte, zog er gegen den Hochkönig zu Felde und besiegte ihn bei Cul Dremhe nördlich von Sligo. Die Legende erzählt, ein Engel in Gestalt eines gewaltigen Kriegers sei Columbas Heer vorausgezogen. Dreitausend Männer blieben auf dem Schlachtfeld. Doch am Ende musste der siegreiche Columba Irland verlassen und in der Fremde so viele Seelen Gott zuführen, wie im Krieg gefallen waren. Die Iren kennen das Sprichwort: „To every cow its calf; to every book its copy – jeder Kuh ihr Kalb, jedem Buch seine Abschrift." Das war der erste Streit um ein Copyright.

Monasterboice bestand bis 1122. Zuvor hatten die Wikinger auch hier ihr Unwesen getrieben, bis sie 968 von Domhnall, dem König von Tara, angegriffen wurden. Flann, einer der gelehrtesten Mönche hier, starb 1056. Die Hochkreuze aus dem frühen 10. Jahrhundert haben alle Wirrnisse der Zeit überdauert. Zwar zeigt das größte von beiden und das schlankste in Irland überhaupt, das sogenannte Tall-Kreuz, die Verwitterungsmerkmale der Zeit, doch das Muiredach-Kreuz demonstriert noch immer trotz Regen und Wind unverbrüchlich sein Bildprogramm mit Beispielen aus dem Alten und Neuen Testament. Ihre Deutungen sind oft widersprüchlich, doch die Kreuzigungsdarstellung auf der einen und das Jüngste Gericht auf der anderen Seite heben sich je nach Sonnenstand kontrastreich aus dem einst bemalten Stein. Nie ist Christus ein leidender Gottessohn auf irischen Hochkreuzen, immer ist er in der Pose des Siegers dargestellt, des Triumphators und Salvators, bekleidet mit einem langen Gewand, das die Tara-Brosche über der Brust zusammenhält. Dieses Schmuckstück demonstrierte die Größe und Erhabenheit des Hochkönigs – und somit auch die des Weltenkönigs Christus. Maria und Johannes fehlen auf alten Darstellungen. Stattdessen stehen Longinus, der die Lanze in die Seite Jesu stieß, und Stephanton, der Mann, der den Essigschwamm reichte, an ihrer Statt. Beide Seiten des Muiredach-Kreuzes zeigen die enge Verbindung des Opfertodes und des Gerichtes anhand der quirlig kleinen Menschengestalten in den Kreuzesarmen, die durch Christus erlöst, gerichtet und für gut befunden, aber auch der Verdammnis der Hölle preisgegeben werden. Christus hält beim Jüngsten Gericht das Kreuz und den Osiriszweig als Auferstehungssymbole in den

Händen – die enge Verbindung zur ägyptischen Mythologie und zur koptisch geprägten Kirche der irischen Frühzeit wird wieder einmal offenbar. Der Erzengel Michael betreut die Seelenwaage. Mag ein kleines Teufelchen auch die Gewichte zu seinen Gunsten zu beeinflussen suchen – der von Schuld freigesprochene Mensch kommt in den Himmel.

Immer wieder sieht man Besucher auf dem abgelegenen Friedhof die Kreuze umkreisen, jene Szenen bestaunen, die in einfachen, doch so eindringlichen Abbildungen menschliches Handeln und Fehlverhalten darstellen: Eva bezirzt Adam, Kain tötet Abel, Abraham opfert Isaac, David kämpft gegen Goliath, Moses schlägt Wasser aus dem Felsen, die drei Jünglinge widerstehen der Hitze im Feuerofen, die Eremiten Antonius und Paulus treffen sich in der Wüste, die Magier huldigen dem göttlichen Kind, die Heilige Familie flieht nach Ägypten, Johannes tauft Jesus, Judas küsst seinen Herrn, der Gottessohn wird gefangen genommen, Pilatus wäscht seine Hände in Unschuld ... Als Beiprogramm Jäger, Tiere, Flecht- und Gitterwerk. Auf keinem der irischen Hochkreuze findet sich eine Krippenszene. Die Geburt im Stall von Betlehem wird ausgespart. Christus trat am „Fest der Erscheinung des Herrn", dem heutigen 6. Januar, in die Welt – an dem Tag, an dem die orthodoxen Kirchen des Ostens und auch die koptisch-orthodoxe Kirche heute Weihnachten feiern. Viele Szenen lassen sich nicht deuten oder werden unterschiedlich interpretiert. Auch an Schlachten und Kämpfe mit den Wikingern sollen sie erinnern – die Krieger, die Christus gefangen nehmen, tragen kurze Wikingerschwerter und kurze Hosen, ein Zeichen für ihren niedrigen Stand.

Monasterboice ist ein individueller Pilgerort, ein Versammlungsplatz der Kunstfreunde, der Historiker, der einsamen Beter. An keinem anderen Ort lebt die Bibel in so vielen Bildern wie hier, zeigte sie dem einst des Lesens unkundigen Volk die Vielfalt und den Reichtum der Heilsgeschichte.

Die Gesamtanlage von Monasterboice hinterlässt beim Besucher einen erhebenden Eindruck.

Gott ist der Hirte an meiner Seite.
Wenn ich schwach werde, reiche er mir seinen Stab,
damit ich die Krümme ergreife
und er mich führe zu meinem Ziel.
Er lasse mich an den Ort gelangen,
an dem es keine Nacht gibt,
keinen Schmerz und keine Tränen.
Dort kann ich ablegen, was mich bedrückt,
und anziehen das Kleid der Vollendung.

Wo St. Kevins Hand ein Vogelnest war ...

Besuch im Tal der zwei Seen – Glendalough

Wir hatten das Wicklow Gap passiert, jene Passstraße in den stillen Hausbergen Dublins, die man eher in menschenleeren nordischen Ländern denn in Großstadtnähe vermuten möchte, und dachten noch darüber nach, ob die kleine Ortschaft Hollywood wohl die Patentante der berühmten kalifornischen Filmstadt sei – da lag das Tal von Glendalough vor uns. Einer dunkelgrünen Kerbe gleich hat Gott es in das Antlitz der Erde geritzt. Im Windschutz der Hänge, von Eichen, Buchen, Birken und Stechpalmen umsäumt, spielte gelb der Ginster, und manches Mal warfen die beiden Seen ein silbernes Lächeln aus der Tiefe zu uns empor.

Glendalough heißt „Tal der zwei Seen". Die Eiszeit hat in diesem Trog ihre letzten Schmerztränen zu einem großen Gewässer vereint, durch das sich der Moränenschutt eine Brücke ans andere Ufer baute. So sind zwei Seen entstanden, Upper und Lower Lake, die das kleine Flüsschen Gledalo miteinander verbindet. Als wir am oberen See ankamen, um die Ruinen der alten Klosterstadt hinter den Bäumen aufzuspüren, legte ein Mann, der auf einem Stein saß, seine Angel beiseite und sagte: „Wie kann man für Glendalough nur so wenig Zeit mitbringen?"

Er hatte Recht. Wir waren in Eile, man sah es uns offensichtlich an. Wir wollten vor Abend in Dublin sein und hätten doch so notwendig ein wenig vom Zeitmaß Glendaloughs bedurft – von seiner Stille, seiner Ewigkeit. In Glendalough schlägt keine Uhr. Hierhin könnte sich auch heute noch ein Einsiedler zurückziehen und sein Eremitendasein führen – wie St. Kevin im sechsten Jahrhundert. Der edel geborene Prinz von Leinster war des soldatischen Hoflebens überdrüssig, er verkroch sich in die Einsamkeit des entlegenen Hochtales, schuf sich eine „Wüste", wurde Mönch, Asket; später entstand hier eine große Abtei.

Der hl. Kevin muss wie Franziskus ein Freund der Tiere gewesen sein. Eine Amsel, so erzählt die Legende, brütete in seiner ausgestreckten Hand ihre Eier aus. Aber die Hand, die sich in stundenlangem Gebet zum Himmel erhob und den Vögeln ein Nest war, konnte auch zornig strafen ... Das Bett des Heiligen ist noch erkennbar. Es ist eine Felsspalte, „St.

Kevin's Bed" genannt, die man nur nach einer Bootsfahrt und einem mühevollen Aufstieg erreicht. Am Upper Lake liegt auch die Zelle des Eremiten, und dicht daneben sind die Ruinen der „Church of the Rock" – gälisch „Teampull-na-Skellig" – zu sehen, der Kirche auf dem Felsen. Der Name der „Reefert-Church" – „Righ-ferarta" – mit den Kreuzen und der mit Ornamenten ziselierten Grabplatte verweist auf den Begräbnisplatz von Königen, von Wicklow-Häuptlingen, die hier ihre letzte Ruhe fanden.

Aus der Einsiedlerzelle des heiligen Kevin erwuchs eine der größten Klosterniederlassungen des alten Irland. Mehrere tausend Mönche und Schüler fanden hier ihre geistige Heimat. Eine kleine, verfallene Stadt am unteren See ist das verblasste Siegel dieser großen Zeit. Die Ruinen von sieben Gotteshäusern, Wirtschafts- und Nebengebäuden sind wie verdorrte Früchte am einst blühenden Baum der irischen Kirche. Sieben – diese Zahl darf man in Irland nicht wörtlich nehmen; sie ist schön, sie ist heilig, deshalb wird sie so gern verwendet. Aber sie verweist auf Größe, auf Kultur, drückt die Würde der geweihten Stätte und ihre räumliche Ausdehnung aus.

Das Tal von Glendalough wird von zwei Seen beherrscht. Am oberen See befand sich die Klause des Klostergründers St. Kevin.

Möge Gott uns einen Platz
im Himmel zuweisen,
aber einen,
auf dem wir nicht stehen müssen.

Das eindrucksvollste Gebäude dieser Siedlung ist „St. Kevins Kitchen", die Küche von St. Kevin. Natürlich hat das Haus nichts mit einer Küche zu tun. Es ist das erhabene Beispiel eines frühirischen Oratoriums; über sein steiles Dach aus ursprünglich mit Pech bestrichenen Platten streckt sich der Glockenturm. Im Innern der Kirche entdecken wir ein Hochkreuz im Typus des 12. Jahrhunderts, kurzarmig, im Zentrum von einer Kreuzigungsszene beherrscht. Der steinerne Heilige am Schaft könnte der hl. Kevin sein. Der Rundturm in der Nähe mit seinem konischen Dach gibt dem ganzen Tal sakrale Weihe. Überragte er nicht die Reste von St. Mary's Church, jener aus dem 10. und 11. Jahrhundert stammenden Kathedrale mit den ersten Gehversuchen der Romanik, die Gemäuer ringsum wären bis auf wenige deutliche Spuren kirchlich verwaist.

„Kevins Kitchen" und der Rundturm im Hintergrund sind wichtige Zeugen der großen mönchischen Vergangenheit.

Umgeben von alten Grabsteinen und einer malerischen Atmosphäre: der Rundturm von Glendalough.

Die Zeit ließ es nicht zu, dass wir St. Saviour's Priory besuchten. Diese jüngste Kirche des Tales steht eine halbe Meile flussabwärts auf einem Feld inmitten einer Gruppe von Tannen. St. Lawrence O'Toole ließ sie um 1162 errichten. Der irisch-romanische Bau wird seiner Bogen im Altarraum und seines einmaligen Ostfensters wegen gerühmt; sie tragen geometrische und tierische Motive. Menschliche Gesichter blicken fragend auf die Betrachter herab. Das Kloster im „Tal der zwei Seen" war eines der bedeutendsten religiösen Zentren im frühen christlichen Irland. Die alten irischen Annalen verweisen oft darauf, indem sie vom Tod ihrer Äbte und berühmten Mönche oder von den Angriffen der Wikinger erzählen. 1163 fügte eines der vielen Feuer, die gelegentlich in Glendalough wüteten, den Kirchen großen Schaden zu.

So wie ich dieses Feuer entzünde, Herr,
entzünde in meinem Herzen eine Flamme der Liebe.
Liebe, um mein Haus zu erwärmen
und alle, die mir teuer sind.
Liebe, um meine Nachbarn und diese Gemeinde aufzuheitern.
Liebe, um meine Freunde und Feinde zu trösten.
Liebe, um den Weg zu erhellen, den ich gehe.

Als die Normannen in Irland gelandet waren, nahmen sie Glendalough in Besitz und vereinten es 1214 mit dem Regierungssitz von Dublin. Danach ging die Bedeutung Glendaloughs verloren, es verfiel, bis es in den Jahren 1875-80 und nochmals 1911-12 restauriert wurde. Heute ist Glendalough ein viel besuchter Pilgerort, um dem hl. Kevin die Aufwartung zu machen. Doch mehr noch als fromme Pilger strömen die Sonntagsausflügler zum Picknick oder Spaziergang hierher. Ausgewiesene Wege und ein waldreiches Ambiente verschönern die Landschaft, die von zahlreichen kleinen Wasserläufen durchzogen wird. Man hat nie genug Zeit für Glendalough. Vielleicht hatte der Angler, der die Forellen köderte, das mit seinen Bemerkungen gemeint. Ob eine Stunde oder zehn – hier kann man nicht lange genug staunend verweilen, um die Weihe des Ortes zu erfassen und einen Hauch seiner Würde einzufangen in einer Zeit, die zu viele Uhren kennt ...

Licht unter dem Bogen des Himmels,
im Osten hat Gott dich entzündet,
im Süden steigst du über die Gestirne empor,
im Westen verhauchst du die letzte Glut.
Dein Weg zeigt den Lauf des Lebens
vom Augenblick der Geburt
bis zur Vollendung.
Der Herr segne und behüte uns.
Er lasse sein Angesicht
über uns leuchten
und sei uns gnädig.
Er schaue auf uns und schenke uns
seinen Frieden.
Aarons Segen.

Den Weg des Friedens führe uns
der allmächtige und barmherzige Gott.
Sein Engel begleite uns auf dem Weg,
dass wir wohlbehalten heimkehren
in Frieden und Freude.

Mein Gott, so wie du bei mir warest,
als du meine Seele formtest,
so sei auch bei mir,
wenn ich das Ziel meines Lebens erreiche.

Ausklang

Im internationalen Verzeichnis der wichtigsten Pilgerorte Europas stehen für Irland der Crough Patrick und der Lough Derg an erster Stelle, gefolgt von Knock, dem Ort der Marienverehrung. Ich habe jedoch nur selten ein Plakat gesehen, das für eine Wallfahrt auf den Crough Patrick und zum Lough Derg wirbt. Diese uralten Pilgerstätten scheinen in der Tradition so stark verwurzelt zu sein, dass man nicht empfehlend auf sie verweisen muss. Anders bei Knock. An den Kirchtüren und in den Schaukästen sieht man immer wieder Aufrufe und Einladungen zum Besuch der Gottesmutter. Nicht, weil der Strom der Pilger dorthin spärlich wäre, sondern weil hier fast das ganze Jahr über, auch in der Nebensaison, Pilgergruppen willkommen sind. Und wie ein Echo auf die ausgesprochene Werbung taucht auch der Name Lourdes auf. Zu diesem Gnadenort in den französischen Pyrenäen haben die Iren ein besonderes Verhältnis. Die irische Fluggesellschaft „Aer Lingus" fliegt Lourdes auf ihrer Route nach Rom an, und viele Organisationen und Pfarreien Irlands organisieren regelmäßig Wallfahrten dorthin.

Irland ist ein fast gänzlich katholisches Land, und es steht treu zu Rom und zum Papst. Das hätte man auf Grund der jahrhundertelangen eigenständigen Entwicklung eigentlich nicht erwartet. Manchmal hat man tatsächlich den Eindruck, vom keltischen Erbe sei so gut wie nichts übrig geblieben und irische Christen seien einzig treue Gefolgsleute Roms. Der allmähliche Übergang von der koptisch geprägten Mönchskirche zur römisch orientierten Gemeindekirche mit der Diözese als Organisationsform verlief jedoch nicht ohne Schmerz und Opfer und auch nicht ohne Widerstand. Doch im Anschluss an die Synode von Kells 1172 war die Eigenständigkeit der keltisch-irischen Kirche besiegelt.

Auf dem Hochkreuz von Kilfenora am Fuße des Burren ist dieses geschichtliche Ereignis dokumentiert. Zwei Mönche umarmen sich: Der eine trägt den Tau-Stab der ägyptischen Wüstenväter, so wie Antonius ihn benutzte, der andere den Stab mit der römischen Krümme wie heute die katholischen Bischöfe. Und die oben im Kreuzarm abgebildete Gestalt mit der Tiara auf dem Kopf, der inzwischen nicht mehr benutzten dreifachen Krone des Papstes, bezeugt die Unterstellung der zunächst keltisch und koptisch ausgerichteten Kirche unter die Lex Petri. Das „Wesen" auf der rechten Seite des Querbalkens ist ein Engel – das Symbol des Matthäus. Das auf der linken ein Adler – das Symbol des Johannes. Diese beiden Evangelisten betonen in den Evangelien die Sonderstellung des Petrus als „Fels", auf dem Christus seine Kirche baute. Die Kirche von Irland ist in der Kirche von Rom aufgegangen … Nicht von ungefähr ist der Papst seither nominell auch Bischof von Kilfenora – aber ich bin nicht sicher, ob er es weiß.

Irland fasziniert durch seine landschaftliche Schönheit, durch seine Stille, die man vielerorts noch „fühlen" kann. Obgleich sich auch hier die Anzeichen einer Egalisierung, einer Angleichung an kontinentale, europäische Verhältnisse, immer mehr bemerkbar machen, besitzt Irland doch Eigenarten, die hoffentlich nicht so schnell verschwinden. Dazu gehört die Herzlichkeit der Menschen, die sicher noch auf die Klostertradition zurückgehende Gastfreundschaft, die Möglichkeit, das Land als eine meditative, zu den Menschen sprechende Oase des Glücks zu erfahren. Trägt der Boden noch immer die Frucht jener spirituellen Saat, die seit Patrick von vielen tausend Mönchen und Missionaren ausgestreut und gepflegt wurde? Die in diesem Buch beschriebenen Stätten – und es gibt weitaus mehr – laden zu einem Besuch ein, wenn man sich ihnen nicht in touristischer, sondern meditativer Absicht nähert. Man muss nicht viel mitbringen – nur das kostbare Geschenk Zeit. Dann werden die Orte zu reden beginnen und ihre Gäste zufrieden, glücklich, gestärkt, in Harmonie mit sich selbst in den Alltag entlassen …

An den Übergang der koptischen in die römisch-katholische Tradition erinnert das Hochkreuz von Kilfenora.

Lough Derg
Faughart
(St. Bridgid)
Monasterboice
Mullagh
(St. Kilian)
Croagh
Patrick
Corcomroe
Aghagower
Ballintubber
Knock
Fore
(St. Feichin)
Tara Hill
Omey
Dublin
Inisheer
Glendaloch
Holy Island
(St. Colum)
Cashel
Jerpoint
Abbey
Ahenny
Ardfert
(St. Brendan)
Wexford
Our Lady's
Island
Rosslare
Cork
Gougane Barra
Skellig
Michael

Irische Zeittafel

8000 bis 6000 v. Chr.: Ende der Eiszeit. Im Norden des Landes siedeln Stämme aus Schottland.

Bis 5000 v. Chr.: Irland erhält Inselcharakter durch die Abtrennung vom europäischen Kontinent.

500 bis 300: Invasion keltischer Stämme. Sie prägen das spätere Irland und seine Sprache (Gälisch), die noch bis vor etwa 160 Jahren gesprochen wurde. Die Gälen bildeten etwa 150 kleine Königreiche.

432: Der **hl. Patrick** (gest. 17. 3. 461) verkündet das Evangelium auf der „grünen Insel" und wird später Nationalheiliger des Landes.

Brigid/Bride – of Kildare (ca. 441–1. 2. 523) stammte wahrscheinlich aus Faughart. Schon die Zeit ihrer Geburt war von druidischer Symbolik erfüllt. Die Kühe aus der Anderswelt ernährten sie mit ihrer Zaubermilch. Brigid fand zum Christentum und wurde Nonne. Sie wurde vom Bischof von Ardagh ordiniert und trug eine Tonsur wie alle keltischen Priester, denen man das Haupthaar vorne schor und es hinten in Strähnen wachsen ließ. In Dumcree errichtete sie ihre erste religiöse Niederlassung im Schatten einer hohen Eiche. Auch ihre Gründung in Kildare, wo sie einem Konvent von Männern und Frauen vorstand, hieß die Kirche der Eiche – „cilldara" oder „Cille Daire". Dort starb Brigid. Mit ihrem Namen sind viele Legenden verbunden. Sie wird als Frau mit großer Nächstenliebe und Freude am Leben geschildert. Ihre sterblichen Überreste kamen mit denen von St. Colum Cille in Downpatrick in das Grab des hl. Patrick, um sie vor der Entweihung durch die Wikinger zu schützen.

458: Erste Klostergründungen (wie Clonmacnoise und Monasterboice) begründen Irlands religiöse und kulturelle Bedeutung

Brendan/Brandan der Seefahrer (486-578), Sohn des Findlugh, bei Fenit im County Kerry geboren, wurde der Reihe nach Schüler von St. Ita, St. Finnian von Clonard, St. Enda, St. Jarlath und St. Gildas in Llancafarn bei Cardiff. Er gründete verschiedene Klöster, einschließlich der Abtei von Ardfert bei seinem Geburtsort und das große Kloster Clonfert im County Galway, das wegen der Strenge seiner Regel bekannt war. Brendan gilt als Entdecker der „Neuen Welt", denn er erkundete mit einigen Mitbrüdern in einem Boot aus Weidengeflecht und Kuhhäuten den Atlantik und schrieb die „Navigatio Sancti Brendani" über seine Erfahrungen. Wahrscheinlich kam er bis Neufundland. Brendan starb in Annaghdown am Lough Corrib in einem von seiner Schwester St. Briga gegründeten Konvent. Er gilt als Patron der Seeleute.

Kevin/Coemgen (498-618) wurde in der Wicklow-Region geboren. Er wurde von St. Petroc von Cornwall, der um diese Zeit in Irland weilte, und ebenso von den Mönchen von Kilnamanagh in Tallaght bei Dublin ausgebildet. Er zog sich in eine Zelle bei Hollywood in den Wicklowbergen zurück, doch fand er sie zu weltlich, so zog er in das einsame, doch schöne Glendalough.

Ciarán (Kieran) of Clonmacnoise (512-545/549), stammte aus Connacht, lernte bei St. Finnian von Clonard und St. Enda. 547 Begründer von Clonmacnoise, das zu der berühmtesten Klosterstadt und Universität in Irland wurde.

Buite von Monasterboice (gest. 521) zog nach Rom, dann nach Schottland, wo er die Pikten missionierte. Seine große Gründung ist Monasterboice im Boynetal, das sowohl ein Zentrum der Wissenschaft als auch des religiösen Lebens wurde. Hier schrieb Flann Mainistreach (gest. 1056) historische Verse über das alte und mythologische Irland. Nach der Überlieferung wurde Colum Cille an dem Tag geboren, an dem Búite starb. Die bekannteste Legende, die mit seinem Leben verknüpft ist, handelt davon, wie Buite den Sohn von Nectan, den König der schottischen Pikten, wiederbelebte. Im Gegenzug übertrug der König ihm die Kirche von Kirkbuddo – die Kirche von Buite. Um das Jahr 500 gründete er eine irische Schule in Monasterboice, die in die Schlagzeilen geriet, als die Wikinger-Überfälle die größten Schulen bedrohten und das Ende der kulturellen Leistungen einläuteten. Buites Schule wurde zum Zentrum irischer Skulpturkunst und die Hochkreuze von Monasterboice sind heute noch weltberühmt.

Colum Cille/Columba (521-597), Irlands erster „Exil-Heiliger", stammte aus Gartan in Donegal, Aristokrat, seine Mutter war eine Prinzessin von Leinster. Colum Cille studierte bei St. Mobhi in Glasnevin, St. Enda auf Aran und St. Finnian in Clonard. Er befasste sich siebzehn Jahre mit Studien, mit Predigen, Lehren und dem Kopieren von heiligen Schriften und während seines langen Lebens gründete er Klöster in Swords, Durrow und Iona. Er ist Patron von Derry, wo er wahrscheinlich 546 seine erste Niederlassung gründete. Im Jahre 563 verließ Colum Cille mit zwölf Gefährten Irland, um, wie St. Adamnán, sein Biograf, schilderte, für Christus ins Exil zu gehen. Er blieb auf der Insel Iona für den Rest seines Lebens. Er war der größte der in Irland geborenen Heiligen. Über ihn gibt es mehr Wunderberichte als sonst über einen Heiligen, einschließlich St. Patrick. Seine Gründe, die ihn zum Verlassen des Landes bewogen, sind dem Ärger und der Reue für seine Verwicklung in einen Krieg zwischen der nordirischen Familie der Uí Néill zuzuschreiben und dem *ard rí*, dem Hochkönig Diarmait Mac Cerbaill. Der Krieg gipfelte in einer schrecklichen Schlacht bei Ben Bulben und kostete 3000 Mann das Leben. Nach der Legende verfügte der Hochkönig, dass der Psalter, den Colum Cille mühselig vom Original des hl. Finnian von Moville abgeschrieben hatte, dem Eigentümer des Originaltextes gehörte. „Jeder Kuh ihr Kalb – jedem Buch seine Kopie." Der wahre Grund für Colum Cilles Abschied jedoch war gewiss das „weiße Martyrium" – *bánmartra* –, ein Exil, das nachweislich schmerzlich für den war, der Irland verließ. Die Bedeutung der Gründung auf Iona kann nicht hoch genug eingeschätzt werden. Es wurde Zentrum der Evangelisierung Schottlands und Northumbriens und blieb ein lebendiges irisches Kloster bis ins 13. Jahrhundert, trotz der barbarischen Überfälle der Wikinger.

Enda (gest. 530), der Vater irischen Klosterlebens, studierte die Grundsätze der berühmten „Candida-Casa-Schule" der Mönche in Galloway. Wie St. Búite und St. Comgall war er ursprünglich Soldat. Er gründete sein Kloster auf Inishmore, der größten der Aran-Inseln, das wegen seiner Strenge berühmter war als für die gewöhnlichen klösterlichen Eigenschaften des Studiums und des Kopierens. Das Kloster war oft Zufluchtsort für andere Heilige. Enda starb in seinem Kloster in Killeany.

Senan (gest. um 540) stammte aus Kilrush im County Clare. Er hatte reiche Eltern, die ihm nach der Legende das religiöse Leben nahegebracht hatten, als das Wasser der Shannonmündung sich teilte und ihm hinüberzugehen erlaubte. Er wurde in Kilmanagh nahe Callan bei Kilkenny ausgebildet und gründete ein Kloster in Enniscorthy im County Wexford, bevor er zu einer Pilgerfahrt nach Rom aufbrach. Auf seinem Heimweg besuchte er St. David in Menevia. Seine größte Niederlassung befand sich auf Scattery Island – Inis Cchathaigh – bei Kilrush, und seine Steine, sagt man, seien gegen Schiffbruch wirksam.

Columban/Columbanus/Kolumban (um 540-615) wurde in Süd-Leinster geboren und von Comgall von Bangor erzogen. Er studierte mit Sinell von Cleenish – im Lough Erne – und später mit Comgall in Bangor. Columban war wegen seiner Strenge bekannt. Die Regeln, die er für seine Niederlassungen in Deutschland aufstellte, waren so hart, dass sie möglicherweise nach seinem Tod zugunsten der gemäßigteren Regel des hl. Benedikt abgeschwächt wurden. Im Alter von 45 Jahren erhielt Columban von Comgall die Erlaubnis, das Evangelium in dem kaum christianisierten Frankreich zu predigen. Er nahm zwölf Begleiter mit, einschließlich St. Gall(us), mit dem er später in Streit geriet, und nach langen Reisen errichtete er drei Häuser in Annegray, Luxeuil und Fontaine im Nordosten Frankreichs. 610 wurde er aus seinen eigenen Klöstern vertrieben. Er reiste über die Alpen in die Schweiz. Columban ließ sich schließlich in Bobbio, südlich von Mailand, nieder. Columban war der größte aller irischer „Peregrini", der Missionare, die ihre Heimat verließen und für Christus ins Exil gingen. Er war geistreich, kultiviert und besaß ein beträchtliches dichterisches Talent. Er starb am 23. November 615 in Bobbio.

Molaise of Devenish (gest. 564 oder 571) leidet biografisch unter der Tatsache, dass es 16 Heilige gleichen Namens gibt. Er gehörte zu

St. Finnians von Clonards „Zwölf Apostel von Irland", die von ihrem Lehrer aufgefordert wurden, ihre eigenen Einsiedeleien zu gründen. Moaise wählte das winzige Devenish, eine Insel im unteren Lough Erne bei Enniskillen, wo er seine Freundschaft mit Colum Cille fortsetzte. Er soll eine anstrengende Pilgerfahrt nach Rom gemacht und Reliquien mitgebracht haben. Das Kloster, das er gründete, bewahrte den Schrein eines Buches, Soiscél Molaise, heute im Nationalmuseum in Dublin.

Vauk (Veoc) (gest. 585) wanderte nach England aus, wo er auch starb.

Findbar/Finbar/Bairre (gest. ca. 633) stammte aus Rath Raithleann bei Crookstown im County Cork. Sein Vater war Metallarbeiter aus Connacht, der nach Munster übersiedelte, um Arbeit zu finden, und dort ein Sklavenmädchen heiratete. Findbar verließ mit drei unbekannten asketischen Mönchen die Heimat und verbrachte lange Zeit in der schottischen Mission, bevor er verschiedene Einsiedeleien in Nähe seiner Heimat gründete, darunter Kilcloony auf einer Insel im Gougane Barra, die seinen Namen trägt. Unter den vielen Wundergeschichten, die von Findbar überliefert sind, ist auch die, wonach er von einem Engel von der Quelle des Lee an die sumpfige Mündung des Gougane Barra geleitet wurde. Dort gründete er seine berühmteste Abtei, aus der der Bischofssitz und die Stadt Cork hervorgingen. Findbar starb in Cloyne, seine sterblichen Überreste wurden in Cork in einem Silberschrein bestattet.

Finnian von Clonard (gest. um 549) war neben St. Enda der erste der Gründungsväter irischer Klöster, aber bekannter wegen der günstigeren Lage seine Gründungen. Er stammte aus Myshall in der Grafschaft Carlow und erhielt seine Ausbildung im Kloster von St. Cadoc in Llancarfan, wo er ein Freund und Mitschüler von St. Gilda war. In seinem großen Kloster Clonard unterrichtete er die „Zwölf Apostel Irlands", Ciarán von Saighir, Ciarán von Clonmacnoise, Brendan von Clonfert, Brendan von Birr, Colum Cille, Colmán von Terryglass, Molaise von Devenish, Canice von Aghaboe, Ruadhan von Lorrha, Mobhi von Glasnavin, Sinell von Cleenish und Ninidh von Inishmacsaint. Er starb an der Pest.

Jarlath/Íarlaith (gest. um 550), Schüler des hl. Benen in Kilbennan bei Galway und ausersehen, treu zu seinem Herrn zu stehen, als er sein eigenes Kloster in Cluain Fois in Tuam, zweieinhalb Meilen weiter, schuf. Er ist Patron der dortigen Erzdiözese.

650 bis 800: Blüte der gälischen Kultur (Book of Kells, Tara-Brosche)

Kilian (etwa 640-689) stammte aus Mullagh im County Cavan, er predigte das Christentum den Thüringern und Franken. Würzburg wurde zum Zentrum seiner Missionstätigkeit. Einer seiner Täuflinge war Herzog Gozbert, der Geilana, die Frau seines verstorbenen Bruders, geheiratet hatte. Kilian erklärte diese Heirat für ungültig, weshalb er und seine beiden Begleiter Totnan und Kolonat auf Geilanas Betreiben heimtückisch ermordet wurden. Ihre Körper ruhen in der Krypta der Würzburger Kathedrale.

Caimín (gest. 653), Halbbruder des Königs Guaire Aidhne von Connacht, wurde wegen seiner Gelehrsamkeit und der Einfachheit seines Lebens in der Einsiedelei auf Inis Cealtra im Lough Derg im Shannon bekannt. Es gibt noch ein Fragment eines biblischen Kommentars aus seiner Hand. Die Gründung, in späteren Jahren bekannt unter „Insel der sieben Kirchen", wurde häufig von den Wikingern angegriffen, da der Shannon einen Durchschlupf zum Eingang der Abtei bot, aber das Kloster überlebte bis 1010.

Cavan (wahrsch. 7. Jh.) siedelte auf Inisheer, der größten der Aran-Inseln in der Bucht von Galway. Jedes Jahr findet eine teils noch mysteriöse Wallfahrt zu seinem Grab statt, das vom Dünenwind zugeweht und jedes Mal wieder freigeschaufelt wird.

Feichin (7. Jh.) kam zur Insel Omey vor der Westküste Connemaras, um sich nach einem geeigneten Grund für den Bau eines Klosters umzuschauen. Er entdeckte, dass sich die letzten Heiden Irlands hierher zurückgezogen hatten ... In all den Jahrhunderten seit Feichins Ankunft bedeckt der Sand, der von den Atlantikstürmen unaufhörlich herangetrieben wird, die ausgedehnte Mönchssiedlung, die er hier gründete. Die Spitze eines Kirchengiebels streckt sich hartnäckig aus den ihn bedrängenden Sandmassen, gleich einem Symbol religiösen Glaubens, der sich all die Jahrhunderte hindurch weigerte, unterzugehen. „The church they dug from the sands ..." – „Die Kirche, die sie vom Sand befreien" – gehört zu den versteckten heiligen Plätzen Irlands, die noch immer hoch in der Gunst des Volkes stehen.

795: Die Wikinger überfallen Klöster und Siedlungen, setzen sich in Irland fest, treffen aber wegen der zerstrittenen Kleinkönige kaum auf Widerstand.

Ab 9. Jh.: Die Wikinger gründen die ersten Städte.

1014: Hochkönig Brian Ború besiegt die Wikinger in der Schlacht bei Clontarf, findet jedoch selbst den Tod.

Paternus (gest. 13. 4. 1058) kam als Wandermönch nach Paderborn und lebte als Rekluse neben dem Abdinghofkloster. Er verließ seine Zelle auch während des großen Stadtbrandes 1058 nicht. Er hatte die Bevölkerung vergeblich zur Buße und Umkehr aufgerufen und die Feuersbrunst vorausgesehen.

Malachy/Malachias/Mael/Maedoc (1095-1148), Reformerzbischof von Armagh. Mit 25 wurde er von St. Cellach zum Priester geweiht. Seine erste Aufgabe bestand darin, 1123 die Abtei Bangor und ein Jahr drauf die vernachlässigte Diözese Connor wiederzubeleben. Er lebte das asketische Leben eines Mönches von Bangor, bis ein feindlicher Häuptling in Ulster ihn und seine Mönche vertrieb und sie 1127 in Kerry eine neue Bleibe fanden. Sein Einsatz für den Hl. Stuhl brachte ihn 1132 vor Ort erneut in politische Schwierigkeiten. Cellach sollte der letzte erbliche Erzbischof sein. Seine Verwandten standen gegen Malachy auf, trachteten ihm mehrere Male nach dem Leben, behielten den Diözesanschatz ein, einschließlich des Bischofsstabs von St. Patrick und des unschätzbaren Buchs von Armagh. Nachdem er die nötigen Reformen durchgeführt hatte, verzichtete Malachy auf die Position des Abtes von Derry und kehrte nach Connor zurück, um eine augustinische Niederlassung in Downpatrick einzurichten. Seine größte Leistung war die Versöhnung der keltischen Kirche mit Rom, die Wiedereinführung der Stundengebete und die Verwaltung der Sakramente. Mehrmals hielt er bei Bernhard von Clairvaux (1090-1153), dem Gründer der Cisterzienserbewegung, Einkehr. Die beiden Männer wurden Freunde. Nach dem Tode Malachys schrieb Bernhard dessen Biografie. Bernhards Mönche bauten die erste Cisterzienserabtei Irlands in Mellifont.

Laurence O'Toole / Lorcán / O Tuathail (1128-1180) stammte aus Leinster. Im Alter von zwölf Jahren wurde er Augustiner-Kanoniker in Glendalough und schon mit 26 Jahren Abt. Acht Jahre später wählte man ihn zum Erzbischof von Dublin und zum Delegierten, der mit Richard de Clare (Strongbow) verhandeln sollte, als die Normannen die Stadt 1170 angriffen. Er unterwarf sich schließlich Heinrich II., der mit einer großen Armee und päpstlicher Autorität in Form einer viel diskutierten „Laudabiliter" 1172 in Irland erschien. Laurence O'Toole starb in Eu in der Normandie. 1226 wurde er kanonisiert.

1169: Mithilfe des Anglo-Normannen Richard Strongbow (Flitzebogen) erhält der König von Leinster sein Land zurück.

1171: Heinrich II. von England nimmt Irland in Besitz und festigt seine Macht mit Zustimmung der irischen Stammesfürsten.

1366: Die Statuten von Kilkenny versuchen die Verschmelzung von Iren und Normannen zu verhindern.

1494: Das anglo-irische Parlament darf nur mit Zustimmung Englands zusammentreten.

1541: Heinrich VIII., König von England, ruft sich auch zum König von Irland aus.

1560: Elisabeth I. setzt die protestantische Kirchenordnung durch und siedelt in der Provinz Munster königstreue Engländer an.

1601: Der Earl of Tyrone, Hugh O'Neill, und die mit ihm verbündeten Spanier erleiden in der Schlacht von Kinsale eine Niederlage.

1607: Die „Flucht der Grafen" in Ulster und die Besiedlung des Landes durch Schotten und Engländer läuten das Ende der gälischen Zivilisation ein.

Ab 1610: Systematische Ansiedlung von Schotten und Engländern in der Provinz Ulster

Oliver Plunkett (1. 11. 1629–11. 7. 1681) aus Loughcrew im County Meath wurde nach seinen theologischen Studien in Rom 1654 zum Priester geweiht. Zunächst arbeitete er bis 1669 als Professor für Theologie am College der „Propagande Fide", dann wurde er Erzbischof von Armagh in der Zeit schwerster Katholikenverfolgungen in Irland. Unermüdlich für die ihm anvertrauten Christen tätig, wurde er aufgrund falscher Aussagen des Hochverrates angeklagt und in London zum Tode verurteilt. Sein zunächst in der Abtei Downside bestatteter Leichnam kam für viele Jahre mit den verfolgten Benediktinern nach Lamspringe im Bistum Hildesheim. Sein Haupt wird heute in der St.-Peters-Basilika in Drogheda aufbewahrt. Papst Paul VI. sprach ihn 1975 heilig.

1649: Oliver Cromwell landet mit einem Heer von 12 000 Mann in Irland und erobert innerhalb von drei Jahren den östlich vom Shannon gelegenen Teil der Insel.

1690: Jakob wird in der Schlacht an der Boyne besiegt. Tausende irische Soldaten suchen auf dem Kontinent eine neue Beschäftigung.

1695-1725: „Penal Laws" – englische Strafgesetze gegen Katholiken und protestantische Nonkonformisten.

1714: Nur noch sieben Prozent des Landes gehören den Iren.

1800: Vereinigtes Königreich von England und Irland.

1803: Aufstand durch Robert Emmets.

1829: Daniel O'Connel führt die katholische Bewegung; er ist erster katholischer Abgeordneter in Westminster.

1845 bis 1849: Ausgelöst durch die Kartoffelpest kommt es in Irland zu einer großen Hungersnot. Über eine Million Menschen verhungern, etwa 2,5 Millionen wandern aus.

1879: Michael Davitt gründet die Land League zum Schutz der irischen Pachtbauern.

1875: Die parlamentarische irische Selbstbestimmung wird unter Charles Stuart Parnell durchgesetzt.

1916: Der „Osteraufstand" schlägt fehl.

1918 bis 1921: Der Unabhängigkeitskrieg endet mit der Gründung des Freistaates.

1922: Bürgerkrieg zwischen den Parteien.

1937: Abstimmung über eine Verfassung ohne die sechs Grafschaften in Ulster. Der Staat nennt sich „Eire".

1949: Die Republik Irland wird proklamiert.

1968: In Nordirland beginnen bürgerkriegsähnliche Unruhen.

30. 1. 1972: Der „bloody Sunday" in Derry treibt die Konfrontation zwischen Katholiken und Protestanten auf die Spitze.

1976: Friedensmarsch katholischer und protestantischer Frauen in Nordirland.

1979: Papst Johannes Paul II. besucht Irland.

1990: Mit Mary Robinson wird zum ersten Mal eine Frau zum irischen Staatsoberhaupt gewählt.

1997: Mary Robinson wird UN-Hochkommissarin für Menschenrechte. Nachfolgerin als Staatsoberhaupt wird Mary Patricia McAleese.

2004: Irland übernimmt die EU-Ratspräsidentschaft.

Literatur:

Peter Harbison & Joss Lynam: Medieval Irish Pilgrim Path No. 3. Lough Derg.
The shore by Saints Island Co. Donegal, The Heritage Council of Ireland Series, 2004

Joseph Duffy: Lough Derg Guide. Irish Messenger Publications, Dublin 2, 1980

H. V. Morton: Wanderungen in Irland. Erstmals erschienen 1930.
Societäts-Verlag, Frankfurt, 1973

John J. Dunne: Shrines of Ireland. Veritas Publications, Dublin 1, 1989

Hermann Multhaupt: Möge die Straße dir entgegeneilen.
Eine meditative Entdeckungsreise durch Irland. Matthias-Grünewald-Verlag, Mainz,
erste Auflage 1996

Peter Harbison: Guide to the national monuments in the Republic of Ireland,
Gill & Macmillan Ltd, Dublin, 1979

Margit Wagner: Irland. Ein Reiseführer. Prestel-Verlag, München 1991

Bibliografische Information Der Deutschen Bibliothek
Die Deutsche Bibliothek verzeichnet diese Publikation in der Deutschen Nationalbibliografie;
detaillierte bibliografische Daten sind im Internet über http://dnb.ddb.de abrufbar.

Abbildungsnachweis:
Hermann Multhaupt: 2/3, 6-11, 13, 16, 18/19, 22, 34, 38, 40, 42-45, 56/57, 60, 63-65, 71 (u.), 72, 74, 76-79, 81-82, 84-87, 92 (o.), 95, Covervorderseite, Coverrückseite (r.)
Harald Löw: 15, 20, 23-26, 28, 36/37, 39, 41, 88-89, 91, 92 (u.), 97/98 Coverrückseite (l.)
The Irish Image Collection: 31, 32/33, 68/69
Anne Cassidy: 47, 50, 52, 54
Ballintubber Abbey: 66, 70/71 (obere Bildreihe)
pixelio: 5, 104
Karin Cordes: 98, Zeichnung Karte

Grafik: Karin Cordes, Dipl. Designerin, Paderborn

ISBN 978-3-89710-375-7 (Bonifatius), ISBN 978-3-86506-166-9 (Brendow)

Gesamtherstellung: Bonifatius GmbH Druck · Buch · Verlag Paderborn